¡EMPAQUE, QUE NOS VAMOS!

¡Empaque, que nos vamos!

Una guía fácil, práctica y eficaz para internacionalizar tu empresa

Nico Montoya

¡Empaque, que nos vamos!
Primera edición, junio 2023

©Nicolas Montoya, 2023
https://nicomontoya.com
info@nicomontoya.com

LinkedIn: @nicomontoya_ceo
YouTube: @nicomontoya_ceo
Facebook: @nicomontoya_ceo
Twitter: @nicomontoya_ceo
Instagram: @nicomontoya_ceo

Edición y Diagramación: David Manangón
Diseño de portada: Marco Pérez
Publicado por: Marcel Verand

El presente texto es de única responsabilidad del autor. Queda prohibida su total o parcial reproducción por cualquier medio de impresión o digital en forma idéntica, extractada o modificada, en castellano o en cualquier idioma, sin autorización expresa del autor.

DEDICATORIA

En nuestras vidas tenemos grandes maestros que nos conducen a hacer las cosas bien y entender cuál es nuestra misión en la vida. A mi madre, por ser aquel ser lleno de valores, luchadora incansable y modelo de superación constante, una mujer impecable que no se ha dejado derrotar por las adversidades de la vida y quien, más que con palabras, sino con hechos, me ha demostrado que servir es el mayor don que me ha regalado la vida.

Más que el destino, es disfrutar el camino, detenerse a oler las flores, contemplar un atardecer, disfrutar un paseo por la playa, reír, llorar, sentirse vulnerable o querer ser el dueño del mundo. A Martica, mi compañera de vida, la mujer que me reta, que me hace detener y disfrutar lo básico, ese gran ser humano quien, con su historia de vida y su gran ejemplo de superación, no permite disculpas para no hacer las cosas bien y, sobre todo, por ser esa isla de paz en el inmenso mar de dudas.

Un ser humano increíble, un emprendedor y empresario incansable, luchador de la vida y mentor incondicional, negociador incisivo, vendedor nato y estratega impecable. Jorge Bermúdez me abrió las puertas al mundo de los negocios internacionales y es quien me ayudó a cimentar lo que hoy es este libro y quien, muy tempranamente, me presentó a Jacques Cohen. Mi ídolo, mi mejor jefe, coach de vida y modelo ético; él es paciente, prudente, pero, sobre todo, un vendedor fenomenal, creyó en mí antes siquiera de haber vendido un pan caliente en la puerta de una escuela, pero con su tenacidad me llevó a los lugares más lejanos del planeta y me enseñó a negociar, a internacionalizar una empresa y a crecer como ser humano.

PRÓLOGO

Me siento profundamente honrado por la invitación de Nico, para escribir el prólogo de su libro *¡Empaque, que nos vamos!* Esta obra nos presenta una guía completa y enriquecedora para aquellos emprendedores valientes que desean internacionalizar sus empresas.

Desde que nos conocemos he visto a Nico apoyar emprendedores y empresarios en la definición de estrategias de crecimiento para sus empresas, y en este libro él presenta un compendio de una metodología que ha sintetizado a lo largo de sus años de experiencia, con un enfoque total hacia la internacionalización empresarial, presentando los desafíos y oportunidades que implica llevar un negocio a otros mercados. Su objetivo con este libro es transmitir ese conocimiento de manera clara y accesible.

¡Empaque, que nos vamos!, no es un manual técnico, más bien es una guía que nos hace conscientes y que considera una gran mayoría de los aspectos requeridos en el proceso de internacionalización; desde la planeación estratégica hasta las estra-

tegias de producto, precio, canales de distribución, comunicación, procesos comerciales, postventa, personas, presupuestos e implementación. Nico aborda cada tema con claridad y nos motiva a desarrollar cada recomendación con la dedicación necesaria para alcanzar el éxito en esta misión.

Lo que hace que este libro sea particularmente valioso es que está basado en experiencias reales, y al ser un libro corto y de fácil lectura, podemos revisar en cada frente de trabajo un *Checklist* de acciones a desarrollar en el que Nico nos muestra que el esfuerzo requerido para alcanzar el éxito internacional será proporcional a los resultados esperados. Además, puede servir también para aquellos que quieren crecer sus empresas en sus entornos locales y no tienen total claridad de los aspectos relevantes para hacerlo.

A través de su propia experiencia, ha logrado construir un sólido conocimiento y una red de contactos que han sido clave para su éxito. Con este libro, Nico comparte generosamente ese conocimiento con todos aquellos que deseen seguir sus pasos.

Actualmente, estamos viendo cómo el mundo globalizado está haciendo ajustes en las cadenas logísticas, en sus patrones de consumo y especialmente en el fortalecimiento local de las capacidades de producción de cada país. Lo cual representa nuevos retos en los procesos de internacionalización empresarial que requieren una cuidadosa planificación y ejecución estratégica. Emprender no es una tarea para nada fácil, internacionalizarse y conquistar otros mercados es aún más retador. Este libro constituye una fuente de inspiración con aspectos que seguramente podrán complementar la visión estratégica de quienes abordamos los procesos de crecimiento y expansión de nuestras empresas.

Quiero aprovechar esta oportunidad para agradecer a Nico por su amistad y por permitirme ser parte de este proyecto tan significativo. Su pasión, dedicación y conocimiento son una fuente de inspiración para mí y para todos aquellos que tenemos el privilegio de conocerlo.

Jorge Mario Cardona

QUÉ ME MOTIVÓ A ESCRIBIR ESTE LIBRO

La incertidumbre económica, la volatilidad en la tasa de cambio con una devaluación constante, la incertidumbre política y una tendencia de gobiernos de izquierda en la región, una inflación histórica que supera los dos dígitos con unos niveles que no se veían reflejados en la economía latinoamericana desde los años 80, la tasa de desempleo creciendo a niveles preocupantes, seguido por políticas cada vez más restrictivas en la contratación y con altos costos laborales, ciertamente están creando un entorno retador, por no decir desalentador, para nosotros los emprendedores y empresarios.

Luego de tener la gran oportunidad de asesorar exitosamente a más de 140 empresas en 23 industrias diferentes en toda la región, pasando por modelos B2B y B2C en distribución y comercialización, manufactura y transformación, así como en servicios, incluyendo modelos SaaS (*Software as a Service*), me planteé el reto de escribir un libro con anécdotas e historias empresariales que sirvan de guía para explicar una metodología clara y muy práctica que permitirá transformar una empresa que se administra desde la incertidumbre de tener una idea por dónde empezar a realizar los cambios que necesita para ser exitosa, a una empresa en la cual se tiene bien identificado lo que se debe hacer para garantizar la sostenibilidad del negocio. Sin embargo, mi interés no es darte una guía para ser sostenible en épocas de incertidumbre, va más allá. Se trata de tener la capacidad de llevar tu empresa hacia un modelo de mayor rentabilidad y con un crecimiento constante y replicable en el tiempo.

Entonces, la internacionalización de las operaciones de tu empresa es ciertamente una ruta que te permitirá, de una u otra forma, capitalizar todo el conocimiento y experiencia que has acumulado durante estos procesos o también durante la creación de tu emprendimiento. Podría citarte cientos e incluso miles de paradigmas empresariales que explican las razones por las cuales evitar las operaciones internacionales, pero en este libro compartiré contigo varias razones por las cuales una gran cantidad de empresarios de toda la región decidieron hacerlo y lograrlo con éxito. Quiero compartir una historia que, con un lenguaje sencillo, te permitirá hacer el *Checklist* de todos los pasos que debes tener en cuenta para liberarte de la incertidumbre del mercado local a través de la internacionalización de tus operaciones empresariales.

Como te lo expresé antes, no importa si eres un profesional independiente que quiere convertirse en empresario, si eres un empresario con miles de horas de experiencia o un emprendedor que tiene un sueño empresarial que no le cabe en el cuerpo, este libro te permitirá despejar tus dudas y crear ese plan práctico, pero detallado, de los pasos a seguir para ser exitoso.

Mi mayor temor al escribir este libro era caer en tecnicismos, utilizar palabras sofisticadas que solo el diccionario sabe el significado, en excesos de explicación o en crear un manual demasiado detallado y tedioso sobre cómo crear una estrategia exitosa. Entonces, mi reto ha sido escribirlo con un tono ameno, ligero, práctico, claro, pero interesante, para que cuando llegues al final puedas decir: «¡EMPAQUE, QUE NOS VAMOS!, ya sé qué debo hacer para internacionalizar mi empresa».

INTRODUCCIÓN

He sido emprendedor, empresario, director comercial e incluso gerente general, y el obstáculo más frecuente que me he encontrado a través de todos estos años, ha sido mantener un crecimiento rentable y sostenible en el tiempo. No puedo negar que el contexto económico, político y social de nuestros países, está haciendo que este objetivo sea algo incierto. La internacionalización nos permite no solo crecer y desarrollar mercados, sino que también, proteger nuestro patrimonio y cosechar en otras economías sin la necesidad de poner «todos los huevos en la misma canasta».

Imagínate que te encuentras en un lugar desconocido y necesitas tomar un vuelo para ir a Roma, viajas por días, haciendo escala en varias ciudades y terminas dándole la vuelta al mundo, para después darte cuenta de que, desde el principio, estabas en un pueblo justo al lado de Roma y solo necesitabas tomar un bus. Aunque no lo creas, situaciones similares pasan en el mundo de los negocios, incluso a mí me ha sucedido, es por eso que en el CAPÍTULO UNO hago énfasis en la PLANEACIÓN ESTRATÉGICA como el inicio del cual debe partir toda la estrategia comercial, mediante la cual entenderemos claramente en dónde estamos, para dónde vamos y qué herramientas tenemos que desarrollar para llegar allá. Además, te ayudaré a definir claramente los objetivos estratégicos que te llevarán a crear un mapa de ruta que garantice la sostenibilidad, rentabilidad, crecimiento y posicionamiento internacional de tu negocio.

¿Te ha pasado que, al momento de subir a un elevador, alguien, normalmente muy amistoso, te pregunta por tu compañía y sobre qué hace? Entonces, de manera muy elaborada, tratas de explicarle qué vendes y cuando por fin se lo vas a decir, esa persona se baja del elevador. Ni tú le explicaste, ni él entendió qué vendías. En el CAPÍTULO DOS hablaremos de cómo tu PRODUCTO/SERVICIO debe estar diseñado para entregar el máximo valor posible a tu mercado objetivo e incrementar las ganas que tengan de comprarte, despegarte del precio, que tu cliente no te vea como una *commodity* y perciba verdadero valor en tu empresa, tus productos o servicios, más allá de la competencia y, por qué no, que reciba una verdadera experiencia de compra con tu empresa.

¿Alguna vez te han dicho que eres caro, que tu producto o servicio es costoso? Seguramente, en esos casos tú argumentarás que ofreces el precio justo; pero lo más probable es que te pidan descuentos, muchas veces excesivos, y también que te comparen con marcas que no ofrecen nada más que un precio más económico. También, me pasó antes y muchas veces (más de las que creerías) que los asesores comerciales me han dicho que no consiguen vender debido al precio. Cuando lo bajas, es muy probable que a la siguiente reunión otro asesor comercial vuelva y te saque nuevamente la carta del precio. En el CAPÍTULO TRES hablaremos de las estrategias de PRECIO, las cuales, con toda certeza, te permitirán incrementar tu rentabilidad, generar una sensación de valor con tus clientes y tener muchos argumentos que te permitirán explicar de una manera detallada la diferencia entre tú y tus marcas competidoras, ofrecer visibilidad como elemento constitutivo de tu producto o servicio y te conducirá a crear estrategias de precio claras y efectivas.

Podríamos pasar horas y horas incontables de discusión sobre lo costoso que son los canales de distribución, cuáles son los más adecuados y qué problemas presenta cada uno de ellos para, de esta manera, justificar los canales actuales que empleas. Pero, resumiendo, el canal más costoso es el que no tienes. Al final del día, tu empresa debe contar con una estrategia de **omnicanalidad** y en el CAPÍTULO CUATRO, titulado, CANALES DE DISTRIBUCIÓN, evaluaremos la accesibilidad que tienen los clientes a tus productos y/o servicios vía ON-LINE y OFF-LINE, la efectividad de los canales DIRECTOS e INDIRECTOS a utilizar para los segmentos de tu mercado objetivo y definir las variables relevantes de las estrategias para el medio por el cual entregas valor y recibes el fruto de tu bien ganado esfuerzo.

Podríamos pasar el día entero citando decenas de gurús de mercadeo y estoy seguro de que no terminaríamos la lista hasta el amanecer del siguiente día. Sin embargo, entre tantas nuevas teorías y academias de mercadeo, solo sé que la campeona se llama *la gallinita Josefina*, así como lo oyes. Esto se debe a que *Josefina cacarea todos sus huevos*, ella no depende del *voz a voz*, ella lo cuenta directamente y lo hace a todo pulmón. En el CAPÍTULO CINCO, cuando hablemos de PROMOCIÓN, no vamos a referirnos a las clásicas *Decenas de doce o Pague dos, lleve tres*; por el contrario, vamos a elegir las estrategias adecuadas para comunicar tu producto o servicio, sus beneficios, la propuesta única de valor, darlo a conocer y generar mecanismos efectivos que generen compra y lealtad con tu marca.

Como decía mi abuelita, «más sabe el diablo por viejo que por diablo», *apunte la receta mijito, para que la sopa le quede siempre igual.* Si algo no se mide, no se controla. Si no se controla, no se mejora. Y, si no se mejora, *se toman la sopa en el restaurante de al lado.* En el CAPÍTULO SEIS revisaremos los PROCESOS de Mercadeo, Ventas, Postventa y Servicio al Cliente, evaluando cuáles están cumpliendo con la efectividad esperada, generan reprocesos o son de baja calidad. ¿Te imaginas identificar los indicadores clave de gestión y de resultado, la línea base, la meta y, por qué no, pasar de un modelo *OUTBOUND* a uno *INBOUND*?

No hay nada más desgastante para una organización que correr detrás del cliente que no tiene. Nos enfocamos en desgastarnos y desgastar a nuestra organización con la obsesión de traer nuevos clientes, nuevos mercados. Servimos a la competencia en bandeja de plata los clientes que con tanto esfuerzo, sudor y lágrimas nos costó adquirir, debido a que pasamos por alto la POSTVENTA. En el CAPÍTULO SIETE definiremos las estrategias y tácticas adecuadas para garantizar la fidelización, retención y recuperación de tus clientes, asegurar que permanezcan contigo, y que tengan una experiencia placentera y rentable con tu compañía, productos y servicios.

Una vez leí un mensaje muy inspirador en Internet, y mientras más vueltas le daba en mi cabeza, más sentido tenía. Decía algo así: «No hay peor soledad que la soledad de estar mal acompañado». Teniendo esta frase presente, en el CAPÍTULO OCHO te pregunto a ti: «¿Cuentas con las PERSONAS correctas en tu organización?». «¿Están manejando los procesos correctos?». «¿Se encuentran haciendo lo correcto?». «¿Están suficientemente motivadas?». «¿Las contratarías de nuevo?». Si tu respuesta es «sí», entonces, todo bien. Pero, déjame decirte, si tu respuesta es «sí, pero...», será igual que un «no». Es más fácil cuando tienes una visión general de tu equipo y así tomar las mejores decisiones para tu empresa.

Si tu equipo de ventas no sabe para dónde va, si *cualquier bus le sirve*, o peor aún, tienes *turistas muy bien pagos* y no has respondido a preguntas como: «¿Qué vas a vender?». «¿En dónde?». «¿Cuándo?». «¿Con quién?». «¿Por dónde?». «¿Cómo sabes que llegaste a la meta?». «¿Cuánto te falta?», el CAPÍTULO NUEVE es algo así como la bola de cristal para los empresarios. El PRESUPUESTO es el futuro proyectado en el cristal, hay quienes creen en él y hay quienes no. El primer paso para que se realice es velar por su cumplimiento desde el primer día del mes, entonces, esto generará más resultados que mirarlo faltando dos días, si no es que se hace después del cierre del mes.

Probablemente, te estarás preguntando: todo este cuento tan largo, ¿para qué?, ¿será que después de leerme todo esto, tendré algo claro?, ¿sabré qué debo hacer?, ¿cómo aplicarlo?, ¿qué hacer primero y qué hacer después? Si eres como yo, lo más probable es que quieras ir directo al CAPÍTULO DIEZ, saltar directamente al *checklist* y salir corriendo a implementar todas las estrategias y tácticas que allí te propongo, pero como me decían: mi psicólogo, los tres o cuatro *coaches* que he tenido en la vida y los dos Sensei, de los cuales hablaré hasta el cansancio, lo importante es disfrutar el camino para llegar sin tanto sudor y lágrimas al destino.

¡EMPAQUE, QUE NOS VAMOS!

CONTENIDO

Dedicatoria	7
Prólogo	9
Qué me motivó a escribir este libro	13
Introducción	17
Contenido	23
Capítulo 1 | La Internacionalización	25
Capítulo 2 | Planeación Estratégica	33
Capítulo 3 | Estrategias de Producto y Servicio	47
Capítulo 4 | Estrategias de Precio	61
Capítulo 5 | Estrategias de Plaza	79
Capítulo 6 | Estrategias de Promoción	91
Capítulo 7 | Estrategias de Procesos Comerciales	105
Capítulo 8 | Estrategias de Personas	117
Capítulo 9 | Estrategias de Postventa	133
Capítulo 10 | Estrategias de Presupuestos	145
¡Nos volveremos a ver!	155
Acerca del Autor	157
Conferencias y Talleres	159

LA INTERNACIONALIZACIÓN 1

*«Si quieres algo nuevo,
tienes que dejar de hacer algo viejo».*

—Peter Drucker

Usualmente, la vida nos pone en el lugar correcto con las personas correctas. Hace unos cuantos años Jorge B, de quien hablé en la dedicatoria, fue la persona que me abrió esa puerta inmensa al mundo de la negociación internacional y quien me conseguiría una entrevista con Jacques C, de quien también hablé en la dedicatoria del libro, el cual me ofreció una oportunidad para desarrollar los negocios de su empresa de cosméticos a nivel internacional.

Todavía recuerdo la entrevista, fui honesto, claro, tajante con Mr. Cohen, le dije algo así como que «yo no he vendido nada en mi vida y mucho menos internacionalmente». Su respuesta, aún más tajante y clara, fue: «Nico, si lo quieres hacer, es tuyo». «Obvio, Mr. Cohen, con toda, vamos a comernos el mundo», pensé. Pero me calmé y mi respuesta partió del dicho, «muestra interés, pero no la necesidad». Al final, conseguí el puesto y con un excelente sueldo. Hasta ahora se me ponen los pelos en punta cuando recuerdo la emoción de recibir esa cantidad de dinero por un trabajo.

En la primera semana de trabajo o de capacitación, ya no recuerdo, Mr. Cohen me entregó más de una docena de carpetas tamaño oficio que pertenecían a los pocos clientes a quien se les exportaba en ese entonces. Luego de una semana revisando y entendiendo el tema de las operaciones, le presenté un diagnóstico, en el cual se reflejaba lo que la empresa necesitaba para su crecimiento internacional en el largo plazo.

Casi seis meses pasaron hasta el momento en que entregué lo que sería ese gran plan de internacionalización. Ya para esa época, no quedaba pendiente ninguna de las personas registradas en las famosas carpetas tamaño oficio. Imagínate recibir un plan para desarrollar la empresa en Latinoamérica y que la propuesta sea empezar por El Salvador. Aún recuerdo su mirada, lo mínimo que leí en sus ojos fue asombro, pero inmediatamente pasé a argumentar sin que él me lo pidiera: «un error al diseñar la distribución de cosméticos en Brasil o México podría hacernos perder mucho dinero, por lo cual, deberíamos cometer esos errores en un país pequeño. Primero, porque nos permitirá entender la idiosincrasia de Centroamérica y, segundo, porque cualquier error nos acarrearía pérdidas económicas pequeñas, y en el peor escenario, saldríamos de ese mercado, abriríamos en otro lugar y podríamos volver más fuertes en cualquier momento».

Realmente, esto no fue necesario. Entender las operaciones de los prospectos que podrían darnos entrada no solo en El Salvador, sino también en Guatemala, y poder venderles a ellos para sus tiendas por departamento, al mismo tiempo siendo incluidos en su distribución a otras perfumerías y tiendas de cosméticos en ambos países, fue una gran decisión. Conseguimos mayoristas en el país de destino, con tiendas propias y capilaridad en el mercado a través de distribución y con una fuerza de ventas propia, en resumen, crecimiento exponencial desde la primera orden.

Como dicen los japoneses, «medir dos veces y cortar una sola», nada de prueba y error, prospección en su máxima expresión. Creamos una estrategia rápidamente replicable, nuestro mayorista de destino de Honduras tenía el mismo perfil en Nicaragua, ¡carambola!, conseguimos dos mayoristas y cuatro países. Entonces, llegó una visita inesperada de Costa Rica. Este gran personaje, hacia quien desarrollé un gran afecto a través de los años, y que con su tenacidad se ganó no solo el derecho a la distribución, sino toda mi admiración y respeto, en ese momento contaba con más de sesenta años. Era una trabajadora incansable, involucró a sus dos hijas en el negocio, aunque ambas eran muy diferentes, trabajaban como hormigas. Eso nos permitió crecer rápidamente en perfumerías, boutiques y una que otra tienda de variedades. Luego vendría Panamá, allí conocí a una familia hermosa, un par de hermanos increíbles, trabajadores, visionarios, y quienes nos darían acceso no solo a sus farmacias, sino que también, a través de su empresa de distribución, ganamos acceso a supermercados e incluso a otras farmacias.

Imagínense, salir el lunes de casa y recorrer Nicaragua, Honduras, El Salvador, Guatemala, Costa Rica y Panamá, y estar de regreso el viernes por la noche. Bueno, esa rutina se convirtió en mi *patio trasero*, aprender, cometer errores, corregirlos. Me encontraba a cargo de cinco mercados para probar las teorías de negociación internacional aprendidas en la universidad y para venderles de todo, desde una bolsa de plástico y sin catálogos ni material *ayudaventas*. Así como lo leen, Jacques, mi maestro y dueño de la empresa, no llevaba un catálogo, una lista de precios, ni mucho menos un manual de negociación, pero sí llevaba sus cosméticos impecablemente diseñados y producidos, empacados en una bolsa de plástico transparente. Para mis colegas gurús de mercadeo esto sería una herejía, el *unboxing*, o sea, destapar el producto para presentarlo y crear una primera impresión única, no era su prioridad, pero ver a este Sensei de las ventas crear magia desde su discurso de ventas, era algo de otro mundo, algo irreal. Verlo generar lazos de amistad con un simple saludo de mano, generar confianza, respeto, intimidad y, sobre todo, admiración y ganas de querer vender sus productos en cualquier rincón del mundo, hicieron que cada que vez que tenía el gusto de tomar vuelos hacia cualquier lugar exótico del mundo: Hong Kong, China, Japón, Italia, y decenas de países más, fuera toda una experiencia para pulir mi estilo de venta.

En Guatemala, El Salvador, Nicaragua y Honduras fue fácil, solo tuvimos que poner de acuerdo a dos mayoristas de destino. Sin embargo, ¿recuerdan al personaje de Costa Rica del que hablé hace unos párrafos?, vivimos toda una aventura. Se los explico rápidamente, éramos una marca puente de mercado masivo, la línea de cosméticos de entrada a las líneas importadas de color, un poco por encima de las líneas de cosméticos de fabricación nacional, pero en ese mercado éramos una marca selecta para nuestro distribuidor. Premium, sí señores, al doble del precio que en los mercados vecinos, por lo cual la propuesta de valor de nuestra marca, en su momento, estaba a niveles de la cosmética y perfumería francesas de la época.

«*Piano piano si arriva lontano*», dice el refrán italiano, por lo que lo resolvimos poco a poco. Paso uno, visitamos con ella a los clientes prospectos de la distribución que necesitábamos. Paso dos, negociamos con todos y cada uno de ellos directamente, explicándoles el plan de mercadeo y de apoyo a la marca, pero siempre en presencia de nuestro distribuidor, recuerden, hubo un lazo de amistad creado por su tenacidad, claridad y, sobre todo, por llegar a ser como mi *abuelita de Costa Rica*. Paso tres, calculamos con ella los precios de venta sugeridos al público, los márgenes a cada uno de los miembros del canal de distribución. Además, tuve que convencerla de que, a partir de ese momento, no se podía llevar los productos en su maleta cada vez que iba de visita a Estados Unidos y que debía hacerlo de una manera formal, tramitar los registros sanitarios y, definitivamente, registrar su compañía, calcular los costos de importación, impuestos, aduanas, seguros, entre otros, y finalmente, su margen de utilidad. Esto fue para ella, por no decir menos, un shock. Bueno, los años de constancia y de creer en su *nieto adoptivo*, le demostrarían con el tiempo, a ella y sus dos hijas, que ciertamente esa era la forma correcta de hacerlo.

Panamá no fue un problema, de hecho, fue fácil, rápido y con resultados inmediatos. De lo que aprendí allí, les dejo un consejo para la vida: en una estrategia de internacionalización, a través de mayoristas o distribuidores de destino, es importante conseguir uno que conozca el mercado, que los productos o servicios a distribuir vayan a generar valor en su portafolio y que, ciertamente, tengan un papel protagónico. Luego les hablaré de esto con mayor detalle y de cómo nos convertimos en Ecuador en una marca más dentro del portafolio de nuestro distribuidor, quien solo nos tenía para crear un monopolio en las categorías de cosmética y perfumería, para solo crecer a su conveniencia, y no en las áreas que el mercado demandaba y que nosotros necesitábamos.

Y llegamos a Colombia, señores y señoras, como dicen vulgarmente mis amigos, los gringos, «*what a pain in the a***». Nadie es profeta en su tierra, se los juro que es verdad. Yo no creía mucho en eso, pero ciertamente fue el mercado más retador desde todo punto de vista en ese momento. Explíquele a su jefe en otro país que usted es colombiano y que tras varios años de trabajo no ha sido capaz de vender una torta en la puerta de una escuela, que un país pequeño, en la cola del mundo, era el equivalente a nueve países dentro del mismo, nueve idiosincrasias diferentes, y que era más fácil abrir distribución en El Corte Inglés en España, Limoni en Italia, Galleria Lafayette en Francia, que entrar en la cadena de supermercados más representativa de Colombia.

Justo en ese momento llegó a mi vida mi segundo maestro, Jorge Bermúdez. En resumen, es un crack, el 10 de las ventas, el máster comercial, otro Sensei, que al igual que JC, vendía desde una bolsa de plástico. Encontrarlos juntos era como una reunión en presencia del Bruce Lee de las ventas contra el Mike Tyson de los supermercados. Un debate digno de ser presentado en *Pay Per View* a nivel internacional. Gracias a Dios, JB y JC eran buenos amigos.

En mis viajes a Colombia fui testigo que el tiempo lo dedicaba al trabajo arduo y no lo ocupaba de visita a mi familia. Yo no había vendido nada en varios años de viajes a *casita* y era importante demostrar que la gestión sí se hacía. En ese momento aprendí que en ventas el resultado es consecuencia directa de la gestión, y que, aunque uno tiene muchas veces sus golpes de suerte, en el largo plazo la gestión es la clave del éxito.

Retomando el tema del Bruce Lee de las ventas, recuerdo que lo llamaba más veces a él que a mi propia mamá para consejos, pues siempre tenía una estrategia clara, precisa, casi letal (en el buen sentido de la palabra). Su capacidad de negociación no tenía límites y verlo levantarse de la mesa de negociación con un acuerdo impecable y provechoso para ambas partes me dejaba con la boca abierta, y fue quien me mostraría que, partir la diferencia nunca era una opción. Así es, cuando

ESTRATEGIAS DE PLAZA   5

«La mejor forma de vender algo: no venda nada. Gánese la confianza y el respeto de aquellos que podrían comprar»

—**Rand Fishkin**

En el mundo de las pequeñas y medianas empresas (PYMES), pretender internacionalizar operaciones es un reto monumental. Las restricciones de presupuesto de mercadeo y ventas son una realidad latente, pero generar una estrategia de comercialización que le permita una capilaridad en el mercado al menor costo, es el ideal que perseguimos todos los gerentes y estrategas comerciales.

La clave del éxito de la internacionalización es generar la mayor cantidad de puntos de acceso a los clientes con nuestros productos o servicios. Pretender tener un negocio exitoso en tiempos de globalización, con un exceso de canales de comunicación y de información, requiere estar en tiempo real en todas partes y permitir a nuestro cliente que tenga acceso a nosotros por donde él desee o considere que es más conveniente para él. Atrás quedaron los tiempos en los cuales nosotros determinábamos cómo se comportaba el mercado, hoy es el mercado el que decide cómo se debe comportar una empresa. El mercado no solo exige calidad al mejor precio, exige empresas éticas, sensibles con el medio ambiente, socialmente responsables, y con espacios para los colaboradores, que hace unos años hubiesen sido una utopía.

Recuerdo mis inicios en la aventura de internacionalización, en ese entonces yo pensaba que tener un pie en un país diferente a Estados Unidos era la clave del éxito, hoy, después de muchos años, me pregunto qué estaba pensando yo en esa época. En retrospectiva, la evolución del negocio nos fue llevando a lo que hoy se conoce como «OMNICANALIDAD». Sin saberlo, la necesidad de crecer las ventas en cada uno de los mercados internacionales, nos llevó a desarrollar mezclas de canales de distribución bastante interesantes.

Mi búsqueda inicial era conseguir un distribuidor mayorista en el país de destino, alguien que nos comprara los productos FOB, se los llevara para su país y, a partir de allí, consiguiera distribuidores minoristas, que vendiera incluso en sus propios puntos de venta y que tuviera una fuerza de ventas que se encargará de distribuir el producto en el país hasta en el último rincón.

La realidad es otra, la búsqueda de ese importador mayorista exige hacer un análisis de cada uno de los prospectos, qué tan alineados están ellos con nuestro modelo de negocio, qué ofrecen y qué posibilidades existen para que la relación comercial realmente sea de largo plazo. Lo primero, este distribuidor mayorista o distribuidor, debe tener conocimiento de la industria y del mercado local. Preferiblemente, años de experiencia comercializando los productos o servicios. Pensar en entregarle el futuro de la empresa a alguien inexperto y que no tiene el mismo nivel de interés y vínculo emocional con la empresa, es una apuesta. Segundo, entender el papel que va a jugar nuestra empresa dentro de la estrategia de la empresa de ellos. Así como en muchos mercados fuimos el caballito de batalla, la joya de la corona, en otros fuimos una línea más y que nos utilizaron únicamente para bloquear la competencia de los distribuidores.

Por este y muchos otros motivos, una vez que determinamos quién tenía el perfil ideal, creamos proyecciones conjuntas de crecimiento, de manera que para nosotros fuese rentable y atractivo. Para darle seguridad al distribuidor firmamos un contrato de exclusividad por dos años, renovable de acuerdo al cumplimiento de las metas de ventas previamente pactadas. Si se cumplía con las expectativas, no teníamos ningún problema en seguir siendo exclusivos, ya que era rentable para ambos, sin embargo, si no se cumplía con las expectativas el tercer año, teníamos la opción de convertir la distribución en una no exclusiva, teniendo nosotros la posibilidad de conseguir distribuidores adicionales en el país de destino. Esto era algo pactado desde el inicio de la relación comercial.

Pensar en que él iba a hacer todo el esfuerzo solo, es injusto. Son tan importantes sus vendedores como los nuestros, incluso se debe mantener más motivada a la fuerza de ventas externa que a la nuestra propia. Pero no nos engañemos, ambas deben amar nuestra empresa, nuestros productos o servicios, sentirse identificados con nosotros, por eso, cualquier exceso de capacitación a la fuerza de ventas externa, no es ningún exceso. Si no conocen nuestro portafolio de arriba abajo, no lo van a vender. Creer que la remuneración es solo responsabilidad del distribuidor, es un paradigma, los planes de incentivos, bonificaciones, premios y recompensas, deben ser pactados cada año. Si crees que eso es responsabilidad del canal, estás equivocado. Piensa esto por un segundo, si tú como dueño de la marca no estás involucrado a ese nivel de detalle con tu canal de distribución, ¿por qué crees que ellos se van a involucrar con tu empresa?

Una estrategia de libros abiertos es clave. Es muy importante que tú conozcas los costos de operación del canal en el país de destino, si la relación no funciona, al menos ya tendrás la información de primera mano sobre cuánto costaría operarlo. Debes tener en cuenta la curva de aprendizaje, pues esto es lo que muchas veces hace que considerar canales de distribución indirectos sea una opción rápida, efectiva y que implique menos riesgo.

Cuando decidimos tener distribución directa en México, nos encontramos con una disyuntiva. Crear una compañía desde cero, buscar el personal, capacitarlo, hacerle seguimiento, en fin, todo lo que implica una empresa nueva en un mercado nuevo. La otra alternativa, comprar una operación similar a la que necesitábamos y con el tiempo ir transformándola al modelo que queríamos. Esta fue nuestra decisión, una empresa con más de diez años de experiencia en el mercado, acceso a más de tres mil tiendas de peluquero, con alcance nacional y oficinas en Ciudad de México, Guadalajara, Monterrey y Tijuana.

Esta empresa ya se había creado un nombre en el mercado y su reputación era impecable, con esto Walmart, Sears, Palacio de Hierro, Bodegas Aurrara, Zaragoza y muchos otros retailers nos abrieron las puertas. Tener una fuerza de ventas estable, que ya conocía el mercado, la industria y los clientes, nos permitió tener un crecimiento instantáneo. La capilaridad la logramos en muy corto tiempo. Eventualmente, la distribución en tiendas de peluquero la abandonaríamos, ya que no ofrecía una gran oportunidad de crecimiento y posteriormente tendríamos conflicto de canales. Esto es a lo que me refería con ir migrando al modelo ideal, pero esto hace parte de la estrategia como tal.

En tan solo cinco años llegamos a más de una veintena de países en todos los continentes, con modelos de agentes comerciales en Australia; distribuidores mayoristas de destino para Guatemala y El Salvador; distribuidores mayoristas y a la vez minoristas en Panamá; conglomerados de cosméticos y perfumería en Ecuador; y tiendas por departamento en Francia, entre otros.

En el mercado de Estados Unidos teníamos agentes comerciales en algunas zonas, distribuidores en otras, tiendas de peluquero minoristas, cadenas de retailers, como Walmart, Kmart, Sears, supermercados como Sedanos, Winn Dixie, y cadenas de farmacias como Walgreens y Rite Aid, entre otras. Si el cliente final quería comprar *online*, también tenía la oportunidad de comprar desde el *ecommerce*.

Todo esto lleva tiempo, claro que sí. ¿Fue fácil? «No», pero una estrategia clara de canales de distribución, un posicionamiento bien definido en el mercado y un claro entendimiento de que cada canal conlleva distintos costos, pero que el promedio de la contribución de todos ellos supera las expectativas de rentabilidad mínima esperada, hicieron que todo ese esfuerzo valiera la pena.

Los canales de distribución cortos nos permiten capturar rentabilidad, pero pueden ser costosos de implementar y de operar, y requieren de prueba y error. Pensar en vender a través de un *ecommerce*, tiendas propias, o con una fuerza de ventas directa en otro país, tiene costos que pueden hacer que el proyecto sea inviable desde el inicio. Amortizar todos esos costos, sumado a un crecimiento lento, debería ser la consideración primordial al realizar las proyecciones financieras. Empezar con costos altos e ingresos muy conservadores, y después de eso, hacer otro escenario que sea incluso más conservador con los ingresos y muy amplio en los costos, es una buena estrategia.

En contraste, los canales largos tienen varios actores, por lo cual, la experiencia, reputación y acceso al mercado, pueden potenciar la velocidad de crecimiento, la capilaridad y el éxito en el mercado. En una estrategia de internacionalización es fundamental tener buenos aliados, y si estos tienen experiencia y conocimiento del mercado local, mucho mejor. Cada mayorista, cada distribuidor, cada minorista o incluso los agentes comerciales externos, te aportarán experiencia, conocimientos y contactos. Inicialmente, se puede ver como un ejercicio de sacrificio de margen de rentabilidad, pero en el largo plazo es más económico ir casi a la fija que adivinar cómo jugar en un mercado foráneo.

Si tuviese que tomar la decisión entre un canal de ventas *online* y un canal de ventas físico u *offline*, lo primero que tendría en consideración sería qué tipo de experiencia y qué tipo de nivel de servicio le voy a ofrecer a mi mercado. Todo se resume en la experiencia del mercado con mi empresa, no importa si es un canal directo, o indirecto, si es corto o largo, al final, el mercado solo premia las buenas experiencias. No te dejes convencer por los gurús de ventas que te cuentan que la solución es la venta *online*. Claro que funciona bien en algunos casos, pero no en todos. De igual manera, la respuesta no siempre es con vendedores directos. ¿Abrirías una tienda física, sucia, desorganizada, sin inventario, con los precios desactualizados, un servicio al cliente pobre y poco atractiva en su diseño? ¿Crees que tu *ecommerce* es distinto? Si no vas a gerenciar bien tus canales de distribución, te propongo que te abstengas de embarcarte en el viaje internacional. Si en el mercado local se requiere compromiso y dedicación, en el escenario internacional, más aún.

Mientras en el *Inbound Sales* el cliente es atraído hacia la marca, en el *Outbound Sales* es la empresa la que va tras los consumidores. En el *INBOUND* nos apoyamos en herramientas tecnológicas y contenido de valor para enfocar sus esfuerzos en el comprador, adaptando la forma y el proceso a la etapa y contexto en que se encuentra para guiarlos y ayudarlos a encontrar el producto/servicio que realmente responda a sus necesidades. Para el *OUTBOUND*, vamos a ir directamente a buscar a aquella empresa a la que queremos ofrecer nuestros servicios. A priori, podría decirte que cualquier tipo de empresa que quiera conseguir clientes en sectores B2B, en algún momento debe realizar *Outbound Sales*. En algunos casos esta estrategia puede ser una de las fuentes principales de consecución de ventas y en otros casos puede ser simplemente una estrategia puntual.

El costo de adquisición del producto para los clientes es algo que debemos tener en cuenta, es muy importante diseñar canales de distribución que le permitan al cliente y al usuario final acceder a nuestros productos o servicios de la manera más eficiente posible. Ellos no deben pagar por nuestra ineficiencia a la hora de diseñar los canales de distribución. Recuerda, todo ese costo extra termina pagándolo el usuario final y él no estará dispuesto a pagar extra por eso. Se irá a comprar con tu competencia, solo porque ellos diseñaron su comercialización de una forma más eficiente y económica que tú.

La efectividad de los canales de distribución debe ser medida de una manera independiente, por canal. No todos tienen las mismas métricas, y es importante considerar los factores que hacen que sean los adecuados. La conexión con el cliente, el apoyo a la promoción, el volumen de clientes, la facilidad de acceso al cliente, la profundidad de portafolio que maneja y el costo de distribución, deben ser considerados canal por canal. Cada uno de estos factores tiene un peso diferente en cada uno, pero un canal que tenga una eficiencia por debajo del 60% hace que la ineficiencia la pague el mercado.

La clave de la estrategia de canales de distribución está en responder una y mil veces con la mayor cantidad de ideas a la palabra «OMNICANALIDAD». Nuestra estrategia debe considerar la mayor cantidad de opciones de canales y no caer en el paradigma de tener un solo canal, solo porque la rentabilidad aparentemente es más alta. Digo, aparentemente, porque si crees que tener un canal de distribución es costoso, intenta no tenerlo y no vender, eso sí es costoso.

Caer en la falacia de que atender un canal no tiene costo, pretender tener un canal eficiente sin invertir adecuadamente en él, restringir la inversión porque la rentabilidad en muchos casos no es la esperada, es quizás el mayor error en el diseño de los canales. La estrategia correcta es una mezcla de alcance, profundidad, rentabilidad, costos, actores directos e indirectos, canales digitales y canales presenciales, y estrategias de venta *INBOUND/OUTBOUND*.

Todos tienen su momento, pretender que sean estáticos y que no evolucionen es pretender tener una empresa estancada en el tiempo. Todos los canales deben ser dinámicos y con el tiempo, cada uno irá cumpliendo su misión. Necio es el que pretende obtener mejores resultados en ventas y no hacer nada nuevo en los canales de distribución.

La decisión de compra la toma el cliente, no es nuestra empresa la que le dicta al mercado por qué canales van a tener acceso a nuestros productos o servicios, hoy en día es el mercado quien nos dice por qué canales nos quiere comprar, es nuestra obligación generar la mayor cantidad de puntos de contacto con nuestro mercado objetivo. Recuerda, los canales de distribución locales no son los mismos de tu estrategia de internacionalización y pretender que sean los mismos es como pegarse un tiro en un pie antes de empezar una carrera de 41 Km.

Me imagino que estás igual de emocionado que yo, ya tenemos la estrategia clara, casi totalmente. Ahora es solo cuestión de saber: «¿qué voy a comunicar?», «¿cuándo?», «¿dónde?», «¿a quién?», «¿por qué medios?», «¿cuál será el presupuesto de mercadeo?», y seguramente aún no se ha definido, «¿quién será el responsable del manejo de la marca?».

Es por eso que el próximo capítulo «ESTRATEGIAS DE PROMOCIÓN» lo he escrito con el fin de responder estas y muchas más inquietudes, que estoy seguro te van a surgir. Empieza pensando que tu estrategia de comunicación, como tu estrategia de canales de distribución, deben partir del término ya mencionado incontables veces «OMNICANALIDAD».

Checklist:

HERRAMIENTAS RECOMENDADAS A DESARROLLARSE PARA UN EJERCICIO DE ESTRATEGIAS DE CANALES DE DISTRIBUCIÓN PRÁCTICO Y CORRECTO.

- Canales Directos
    - o Fuerza de ventas propia
    - o Catálogo
    - o Internet
    - o Televenta
    - o Tiendas propias
- Canales Indirectos
    - o Mayorista
    - o Minorista
    - o Agentes
    - o Franquicias
- Tipos de estrategias
    - o Masiva
    - o Exclusiva

o Selectiva

o Intensiva

- Modelo *INBOUND*
- Modelo *OUTBOUND*
- Efectividad de los canales

ESTRATEGIAS DE PROMOCIÓN | 6

«En el ruido publicitario de hoy, a no ser que te hagas notar y creer, no tienes nada».

—*Leo Burnett*

¿Recuerdas los errores de posicionamiento que cometí en Centroamérica, los desastres y todo lo inimaginable en el mal posicionamiento de marca, caer del cielo a la tierra de un solo golpe al ver que, así como había sido exitoso abriendo la distribución, había sido de desastroso en mi estrategia de mercadeo y posicionamiento? Pues bueno, esto se solucionaría con lo que posteriormente sería la estrategia de mercadeo global con aplicación local, mejor dicho, tropicalizada en su ejecución en cada país. Cada uno tiene su idiosincrasia y la marca debía representar el mismo valor a través de los diferentes mercados, ser consistente en su discurso y, sobre todo, tener la misma identidad en cada mercado.

En este capítulo vas a elegir las variables adecuadas para comunicar tu producto o servicio, sus beneficios, ventajas, atributos, la propuesta única de valor (PUV), darlo a conocer y generar mecanismos efectivos que lleven a la compra, recompra y lealtad con tu marca. Encontrarás tu voz y estilo para tener una comunicación efectiva con tu mercado objetivo.

Luego de estas páginas, tendrás la capacidad de entender cómo informar, persuadir y recordar a tu público objetivo de que existes y que eres su mejor alternativa en el mercado. Finalmente, en tu estrategia de mercadeo digital podrás identificar cómo debes crear tácticas para concientizar, hacer que te consideren como una alternativa viable, decidan realizar la compra, y permanezcan contigo, haciendo que el valor del cliente en el tiempo (*Lifetime Value LTV*) sea muy alto, rentable, de largo plazo y el Costo de Adquisición del Cliente (*Customer Acquisition Cost CAC*) sea lo más bajo posible.

Lamento informarte por adelantado que este capítulo no es un manual en el cual te voy a explicar cómo salir bailando y hacer el ridículo en las redes, tampoco hablará sobre cómo crear post o carruseles innovadores que van a llevar millones de *leads* a tu perfil o que no te preocupes por nada, ya que la inteligencia artificial (AI) lo va a hacer todo por ti, como aseguran los millones de gurús de mercadeo digital que encontrarás en las redes. De hecho, no voy a decirte qué debes hacer para que tus métricas de vanidad (*Vanity Metrics*) sean el foco de tu estrategia digital. Más bien, te voy a acompañar en la creación de algo que yo llamo «ECOSISTEMA COMERCIAL», el cual te permitirá tener una combinación ideal de estrategias de posicionamiento y de monetización rentables.

En la empresa de cosméticos, luego de varios años de estar en los diferentes mercados internacionales, no estábamos teniendo el éxito que se esperaba. En conjunto con el equipo directivo se decidió que era hora de implementar un plan de mercadeo global para ayudar a la empresa a crecer y expandirse exitosamente. Lo estábamos logrando en el ámbito de creación de canales, pero no en el posicionamiento de la marca.

El primer paso en el plan fue llevar a cabo una investigación de mercado exhaustiva para comprender mejor a los consumidores y las tendencias del mercado. El equipo de marketing analizó datos demográficos, hábitos de compra y preferencias de productos para identificar las áreas en las que la empresa podría destacar en todos y cada uno de los países y luego lo unimos por regiones geográficas.

Luego, nos centramos en desarrollar una estrategia de marca sólida que reflejara los valores y la calidad de los productos. Se diseñó un logotipo nuevo y moderno, y se mejoró el empaque para que fuera más atractivo para los consumidores.

Además, se decidió lanzar una campaña publicitaria en línea y en medios impresos para dar a conocer los productos a un público más amplio en cada país. Se crearon anuncios de televisión, publicaciones en redes sociales y boletines informativos por correo electrónico para destacar la calidad de los productos y las ofertas especiales.

Nos centramos también en la experiencia del cliente, asegurándonos de que los productos se entregaran rápidamente y que el servicio al cliente fuera impecable. Se implementaron políticas de devolución sencillas y se brindó una atención personalizada al cliente para ayudar a los consumidores a elegir los productos que mejor se adaptaran a sus necesidades.

Gracias a este plan de mercadeo bien diseñado y ejecutado, se comenzó a ver un aumento en las ventas y una mayor participación en el mercado de cosméticos. La empresa se convirtió en una marca reconocida y respetada en la industria, y sus productos se convirtieron en una opción popular entre los consumidores en todos los países. Es emocionante leer estas palabras y recordar ese camino retador, placentero y a veces frustrante, pero que, al final, nos permitió crear una estrategia de mercadeo global con aplicación regional exitosa.

La publicidad busca informar, crear la demanda primaria, pretende destacar los atributos y características del producto o servicio. Persuadir para crear la demanda selectiva de una marca en particular, y destacar los beneficios del producto. Recordar, para reforzar y estimular el mayor uso de la marca.

La promoción de ventas son actividades que se agregan al valor básico del producto o servicio, durante un tiempo limitado, para estimular en forma directa la compra por parte del consumidor. Su propósito puede ser para atraer nuevos clientes, premiar clientes leales, aumentar los índices de compra de los clientes ocasionales, y atraer a los clientes que cambian de marca.

Las relaciones con el público de interés (*RRPP*), son un intento coordinado para crear en la mente del público una imagen favorable del producto, mediante ciertas actividades o programas de apoyo, como la publicación de noticias con significado comercial. Podría incluir muchas de estas opciones e incluso más. Publicaciones, eventos, patrocinios, noticias y actividades de servicio público, son realmente importantes a la hora de generar una imagen positiva en un nuevo mercado internacional. No las dejes en saco roto.

ATL (*ABOVE THE LINE*), radio, prensa y TV, son una alternativa muy conocida para una estrategia de mercadeo masivo; sin embargo, hace ya una década estos medios han sido reevaluados, tanto en su alcance como en su efectividad. Si consideramos al ROI «*RETURN ON INVESTMENT*», muy probablemente ya no será una súper alternativa y debería ser considerado en los casos en los cuales el impacto de la estrategia sea realmente necesario. Usualmente, estos medios están controlados por grandes empresas o conglomerados, por lo cual son costosos y nuestra capacidad de negociación estará bastante diezmada. Debes considerarlos, pero hoy en día, con tantas opciones, no son requeridos para iniciar tu estrategia de internacionalización exitosa.

El BTL (B*ELOW THE LINE*) busca crear acciones publicitarias dirigidas a públicos específicos y utiliza la creatividad para generar el máximo impacto entre sus destinatarios. Te cuento algunos que incluyen promociones, patrocinios, marketing externo, street marketing, *merchandising*, redes sociales, mecenazgo, eventos, activaciones de marca, el hombre empanada en un centro comercial o un volanteo en diferentes lugares de la ciudad o zonas geográficas. El BTL también sobresale porque al ser un modelo de comunicación personal, la reacción y la retroalimentación que se percibe por parte de la audiencia se da de manera instantánea. Además, se caracteriza por crear cercanía e involucrar directamente a los consumidores con campañas creativas de alto impacto.

El marketing digital es la promoción de productos o servicios a través de canales digitales como Internet, redes sociales, correo electrónico, motores de búsqueda y aplicaciones móviles.

El objetivo del marketing digital es llegar a un público objetivo específico y convertirlos en clientes a través de diferentes estrategias de marketing. Estas estrategias incluyen, entre otras, la publicidad en línea, el marketing de contenidos, el email marketing, el SEO (optimización de motores de búsqueda) y el SEM (marketing en motores de búsqueda).

Sin embargo, un método que me gusta mucho es el marketing de afiliación o marketing de afiliados. Es un tipo de marketing digital en el que el anunciante paga únicamente por los resultados obtenidos (conversiones, *leads*, clics, etcétera.). Incrementa el ROMI (*Return on Marketing Investment*) y, por ende, los resultados de las campañas. Dejas de tener métricas de vanidad y te enfocas en la monetización.

Para crear una estrategia de *Inbound Marketing* exitosa, es importante seguir los siguientes pasos: **Identificar a tu público objetivo.** Es importante conocer a quién te diriges para crear contenido y ofertas relevantes. **Investiga quiénes son tus clientes potenciales**, cuáles son sus necesidades y deseos, y cómo puedes ayudarles.

Un *buyer persona* es una representación ficticia de tu cliente ideal. Esta persona deberá incluir información demográfica, hábitos de compra, problemas comunes, entre otros datos relevantes. Con esta información podrás crear contenido personalizado y relevante.

Definir los objetivos y metas de la estrategia. ¿Qué quieres lograr con tu estrategia de *Inbound Marketing*? ¿Generar más tráfico en tu sitio web, conseguir más *leads*, aumentar las ventas, mejorar la reputación de tu marca? Define tus objetivos y metas de manera clara y realista.

El contenido es el corazón de cualquier estrategia de *Inbound Marketing*. Crea contenido útil, relevante y de alta calidad que atraiga a tu público objetivo. Este contenido puede ser en forma de blogs, videos, infografías, guías, entre otros formatos.

El SEO es una técnica de marketing que se enfoca en mejorar el posicionamiento de tu sitio web en los motores de búsqueda. Utiliza palabras clave relevantes, optimiza tus títulos, descripciones y *meta tags* para mejorar el SEO de tu sitio web.

El email marketing sigue siendo una de las técnicas más efectivas para generar *leads* y convertirlos en clientes. Crea campañas de email personalizadas y envía contenido relevante a tus suscriptores. El *Account Based Marketing* (ABM) se centra en cuentas específicas de clientes potenciales o existentes y busca personalizar el enfoque de marketing para cada cuenta individualmente. El objetivo principal del ABM es crear relaciones más estrechas con clientes potenciales y existentes, lo que a su vez aumenta la posibilidad de cerrar ventas y retener clientes.

El ABM se utiliza a menudo en empresas B2B (*business-to-business*), donde las relaciones son más complejas y los ciclos de venta son más largos. En lugar de dirigirse a una amplia audiencia con un mensaje generalizado, el ABM se enfoca en cuentas específicas y crea mensajes y contenido personalizados para cada cuenta.

Entre las razones por las cuales el ABM me apasiona y lo recomiendo como una de las primeras alternativas de estrategia en mercadeo digital y, de hecho, de las más efectivas y menos costosas; es que mejora la eficacia de la generación de *leads*, aumenta la tasa de conversión de *leads* a clientes, mejora la retención de clientes existentes, permite un enfoque más personalizado y adaptado a las necesidades individuales de cada cliente.

Las redes sociales son una excelente manera de promocionar tu contenido y aumentar la visibilidad de tu marca. Utilízalas para compartir tu contenido y conectar con tu público objetivo.

Es importante analizar los resultados de tu estrategia de *Inbound Marketing* para saber qué está funcionando y qué no. Utiliza herramientas de análisis para medir el tráfico, la generación de *leads*, las conversiones y otras métricas importantes.

Siguiendo estos pasos podrás crear una estrategia de *Inbound Marketing* exitosa que te ayudará a atraer más tráfico a tu sitio web, generar *leads* de calidad y aumentar las ventas de tu negocio.

Así como las estrategias de *inbound* son fuertes y potentes, el *outbound marketing* es esencial y lo debes considerar seriamente en tu estrategia para expandir tus operaciones internacionalmente.

El *outbound marketing* implica enviar mensajes directamente a tus clientes potenciales. Identifica los canales que utilizarás para llegar a ellos, como correo electrónico, llamadas telefónicas, mensajes de texto, publicidad en redes sociales, entre otros. Antes de comenzar cualquier campaña, es importante tener claro a quién te estás dirigiendo. Define las características demográficas y los intereses de tu público objetivo para poder crear mensajes que resuenen con ellos.

Asegúrate de que el contenido que envías a tus clientes potenciales es relevante y atractivo para ellos. Personaliza el mensaje en función de sus intereses y necesidades. Una vez que hayas lanzado tu campaña, asegúrate de hacer un seguimiento constante de tus resultados. Utiliza herramientas de análisis para medir el éxito de tus campañas y realiza ajustes si es necesario.

Recuerda que cada empresa y cada audiencia es diferente, por lo que debes ajustar tu estrategia de *outbound marketing* en función de las necesidades de tu negocio y de tu público objetivo.

En el *marketing de guerrillas* debes considerar el uso de métodos novedosos o poco convencionales para impulsar las ventas y atraer el interés en una marca o negocio. El objetivo es provocar que sean los propios usuarios y los medios de comunicación los que le den repercusión mediática.

Luego de haber considerado todos estos elementos de tu estrategia, estás listo para crear un ecosistema digital. Este es un conjunto de aplicaciones, servicios y dispositivos interconectados que interactúan entre sí y con los usuarios para proporcionar una experiencia digital coherente y unificada. Los ecosistemas digitales pueden incluir plataformas en línea, aplicaciones móviles, dispositivos conectados a Internet, servicios en la nube, redes sociales y otras tecnologías.

Lo primero que se debe hacer es entender qué se quiere lograr con el ecosistema digital y cuáles son las necesidades de los usuarios. Es importante identificar los componentes que formarán parte del ecosistema digital, como aplicaciones, dispositivos, servicios en la nube, entre otros. Se deben desarrollar o adquirir las soluciones que se necesitan para construir el ecosistema digital, lo que incluye la integración de diferentes sistemas y tecnologías. Una vez que se han desarrollado o adquirido las soluciones, se debe integrar cada uno de los componentes del ecosistema para que puedan interactuar entre sí.

Es importante probar y validar el ecosistema digital para asegurarse de que funciona correctamente y cumple con las necesidades de los usuarios. Una vez que ha sido probado y validado, se puede lanzar al mercado. Es importante realizar una mejora continua para asegurarse de que el ecosistema digital siga siendo relevante y efectivo para los usuarios.

Implementar un plan de mercadeo exitoso requiere de una cuidadosa planificación y ejecución. Lo primero que debes hacer es establecer tus objetivos de mercadeo. Estos deben ser específicos, medibles, alcanzables, relevantes y con un tiempo límite. Por ejemplo, si tu objetivo es aumentar tus ventas en un 10% durante los próximos seis meses, entonces tienes un objetivo claro y realista.

El éxito del plan de mercadeo dependerá en gran medida de cuánto conozcas a tu público objetivo. Investiga y comprende a tu audiencia, sus necesidades, deseos, problemas y comportamientos de compra. Esto te permitirá crear un mensaje de mercadeo efectivo que resuene con ellos.

Identifica tu propuesta única de valor (PUV). ¿Por qué deberían los clientes elegir tu producto o servicio en lugar de los de la competencia? Identifica lo que te hace único y diferente y comunica esa propuesta de valor a tu audiencia.

Las tácticas de mercadeo que elijas deben estar alineadas con tus objetivos y adaptadas a tu público objetivo. Considera las opciones disponibles, como publicidad en línea, marketing por correo electrónico, SEO, eventos y relaciones públicas, y selecciona las que mejor se adapten a tus necesidades.

Es importante medir el éxito de tu plan de mercadeo y ajustar tu estrategia en consecuencia. Establece indicadores clave de rendimiento (KPI) y haz seguimiento a tus resultados para ver si estás alcanzando tus objetivos de rentabilidad en tu inversión de mercadeo (ROMI).

Si no estás obteniendo los resultados que esperabas, considera ajustar tu estrategia y tácticas de mercadeo. Esto podría implicar cambiar la forma en que te comunicas con tu audiencia, mejorar tus productos o servicios o encontrar nuevas formas de llegar a tus clientes.

Mantén una comunicación constante con tu audiencia, a través de los diferentes canales disponibles «OMNICANALIDAD». Una comunicación efectiva y constante puede aumentar la lealtad de los clientes y el reconocimiento de tu marca. Recuerda que un plan de mercadeo exitoso no se logra de la noche a la mañana. Requiere de un compromiso constante y un enfoque estratégico para lograr resultados duraderos.

Lo que no se describe no se entiende, lo que no se entiende no se mide, lo que no se mide no se controla, y lo que no se controla no se mejora. La experiencia hace al maestro y hacer las cosas siempre de la misma manera nos permite tener resultados predecibles. Pretender hacer un plan comercial de internacionalización y no tener los procesos claves descritos, controlados y medidos, con indicadores clave de desempeño y de resultado (KPI), no va a garantizar una operación predecible y medible. Si hay algo que el mercado internacional castiga, es la falta de claridad en los procesos, por lo cual es importante definir y estandarizar todos y cada uno de los que inicialmente están de cara al mercado. Luego tendremos espacio para definir y estandarizar los otros procesos misionales y finalmente los procesos de apoyo.

En el próximo capítulo vamos a hablar del macroproceso comercial «MERCADEO, VENTAS, POSTVENTA Y SERVICIO AL CLIENTE», nos permitirá entender el paso a paso que se debe seguir para garantizar un macroproceso comercial consistente y con indicadores que nos permitan medir, controlar y mejorar cada etapa. Adicionalmente, te ayudará a entender las funciones que usualmente se definen dentro de los procesos. Cada empresa tiene una forma única de hacer las cosas, lo importante es que siempre se hagan de la misma manera y de cara al cliente, para que garantice una operación clara y sin drama.

Checklist:

HERRAMIENTAS RECOMENDADAS A DESARROLLARSE PARA UN EJERCICIO DE ESTRATEGIAS DE PROMOCIÓN PRÁCTICO Y CORRECTO.

- Establecer objetivos de mercadeo claramente definidos y medibles.

- Investigar el mercado, la competencia y el público objetivo.

- Definir la estrategia de mercadeo y el posicionamiento de la marca.

- Desarrollar un plan de acción con plazos y responsables.

- Seleccionar los canales de marketing adecuados para llegar al público objetivo.

- Desarrollar el contenido de marketing que sea relevante para el público objetivo.

- Estrategias de ATL.

- Estrategias de BTL.

- Ecosistema digital.

- Implementar estrategias de SEO, SEM y PPC (pago por clic) para aumentar la visibilidad en línea.

- Realizar campañas publicitarias en línea y/o fuera de línea para promocionar la marca.

- Implementar estrategias de relaciones públicas para aumentar la exposición de la marca.

- Modelo *INBOUND*.

- Modelo *OUTBOUND*.

- Medir la efectividad de los canales.

- Realizar seguimiento y medición de los resultados.

- Ajustar la estrategia según sea necesario.

ESTRATEGIAS DE PROCESOS COMERCIALES   7

«No hay nada tan inútil en el mundo como hacer con gran eficiencia lo que no debería hacerse en absoluto».

—*Peter Drucker*

Diseñar una estrategia de internacionalización es un ejercicio de empresa, de equipo y mucha prueba y error. No puedo prometerte que lo vas a lograr a la primera, pero sí puedo decirte que es posible, es muy lucrativo y satisfactorio. Capitalizar en todos estos intentos fallidos y exitosos es fundamental. Y llevarlos a una forma organizada, metódica y siempre predecible de trabajar, es imprescindible para el éxito a largo plazo en la estrategia de internacionalización. El propósito de implementar la descripción de los procesos es mejorar la eficiencia, calidad y consistencia en la realización de tareas y actividades comerciales internacionales dentro de la organización.

La descripción de los procesos implica documentar de manera detallada los pasos que se deben seguir para completar la tarea de volvernos internacionales. Esto incluye identificar quién es responsable de cada paso, qué recursos se necesitan, cuál es el tiempo estimado de ejecución y cómo se verifica la calidad del trabajo realizado.

Al tener una descripción clara de los procesos comerciales, se puede mejorar la comunicación interna y externa, reducir errores y redundancias, identificar oportunidades de mejora y optimizar el desempeño del equipo, en sí, todas las operaciones de la estrategia. Además, es importante la documentación de procesos para la capacitación y desarrollo de nuevos colaboradores dentro del equipo comercial, ya que les proporciona un conjunto claro de instrucciones para seguir. Algo así como un mapa de navegación comercial internacional.

Sin embargo, hay algunos desafíos que pueden surgir al implementar la descripción de procesos, que pueden limitar su efectividad. La falta de compromiso es uno de estos, si los colaboradores no están comprometidos con la implementación de los procesos descritos, es probable que no los sigan de manera consistente. La falta de compromiso también puede llevar a la resistencia al cambio, lo que puede dificultar la implementación efectiva de los nuevos procesos.

Los procesos descritos pueden ser muy detallados y específicos, lo que dificultaría la adaptación a situaciones imprevistas. La falta de flexibilidad en los procesos consigue ser especialmente problemática en entornos cambiantes o dinámicos. Si los procesos descritos son demasiado complejos o difíciles de entender, es posible que los colaboradores no los sigan de manera efectiva. Es importante asegurarse de que los procesos sean claros y fáciles de entender para que sean implementados de manera efectiva.

Si los procesos descritos no se actualizan regularmente, pueden volverse obsoletos y dejar de ser efectivos. Es importante revisar y actualizar regularmente los procesos para asegurarse de que sigan siendo relevantes y útiles.

En resumen, aunque la implementación de la descripción de procesos comerciales puede ser beneficiosa, es importante abordar estos desafíos para garantizar que los procesos sean efectivos y se realicen de manera consistente.

Más de veinticinco años de existencia, varias decenas de países con presencia directa e indirecta, plantas de producción y oficinas directas de comercialización en Canadá, Australia, China, Italia, México y Estados Unidos, suponían un gran reto para estandarizar la forma de trabajar entre todas las operaciones internacionales. Sin embargo, a pesar de contar con una buena cartera de clientes, la empresa de cosméticos tenía problemas con sus procesos de producción, logística, mercadeo, ventas, postventa, y servicio al cliente, lo que afectaba la calidad de los productos y la satisfacción del cliente y del consumidor final.

Para solucionar estos problemas, en la empresa se decidió implementar una serie de procesos para mejorar su eficiencia y calidad. En primer lugar, se llevaron a cabo análisis exhaustivos de los procesos de producción y logística, luego, todos los procesos comerciales para identificar los cuellos de botella y las oportunidades de mejora. Esto repercutió en las operaciones domésticas e internacionales de la manufactura, distribución y comercialización de todos los cosméticos de color.

A continuación, establecimos objetivos claros para cada área de la empresa, se diseñaron procesos más eficientes y efectivos para alcanzarlos. Se establecieron también indicadores de desempeño (KPI) para medir el éxito de cada proceso y detectar posibles problemas antes de que surgieran. El resto consistió en tratar de transversalizar estos a través de las diferentes operaciones, culturas, y resistencia al cambio, entre otros muchos elementos que afectaron la implementación. Además, se implementó un sistema de gestión integrado de la calidad (SIGC) para garantizar la excelencia en cada etapa de la producción, desde la selección de materias primas hasta la distribución de los productos terminados en todos y cada uno de los países. Se realizaron auditorías internas y externas trasnacionales para asegurar que los procesos cumplían con los estándares de calidad establecidos.

El resultado de estos esfuerzos fue una mejora significativa en la calidad de los productos y de los procesos en la empresa de cosméticos, así como una mayor eficiencia y eficacia en los procesos de compras, producción, logística, mercadeo, ventas, postventa y servicio al cliente. Esto permitió a la empresa crecer en el mercado internacional rentablemente y expandirse a nuevos territorios, mejorando su productividad, rentabilidad y reputación.

Con el tiempo, nos convertimos en un referente en la industria de la cosmética, gracias al enfoque en la calidad y la excelencia en los procesos. Su éxito sirvió de ejemplo para otras empresas del sector, que buscaron imitar el modelo de gestión y producción, y decidieron que éramos la mejor opción para fabricarles sus productos cosméticos, creando así una gran oportunidad de maquila internacional, que no solo fue muy rentable, sino que cimentó el posicionamiento de la empresa en la industria como un jugador imprescindible.

Para implementar los procesos en una empresa con operaciones internacionales, te recomiendo seguir los siguientes pasos:

- **Analiza los procesos** de la empresa que son esenciales para la operación y el éxito del negocio en el mercado internacional. Esto puede incluir procesos de producción, ventas, logística, gestión de clientes, finanzas, recursos humanos, entre otros.

- **Define objetivos claros y específicos** para cada proceso. Asegúrate de que estos objetivos sean realistas y medibles, y que estén alineados con los objetivos generales de la empresa. Diseña los procesos para lograr los objetivos definidos. Confirma que los procesos sean eficientes y efectivos, y que estén diseñados para adaptarse a las necesidades del mercado internacional.

- **Documenta los procesos de forma clara y detallada**. Asegúrate de que los documentos estén actualizados y sean accesibles a todos los empleados de la empresa. Capacita al personal en los nuevos procesos y cerciórate de que comprendan su importancia y cómo deben ser implementados en todos y cada uno de los mercados en los cuales se tiene presencia.

- **Monitorea y mide el desempeño de los procesos.** Utiliza métricas para medir el éxito de los procesos y ajustarlos en consecuencia (KPI), identifica áreas de mejora, haz ajustes a los procesos para mejorar continuamente el desempeño y la eficiencia.

A medida que cambien las condiciones del mercado internacional, adapta los procesos para asegurarte de que sigan siendo efectivos y eficientes.

Al seguir estos pasos, podrás implementar procesos efectivos en tus operaciones internacionales para mejorar el desempeño y éxito en el mercado global.

Implementar un proceso de mercadeo internacional exitoso requiere de un enfoque estratégico y una comprensión profunda de los mercados internacionales, los clientes potenciales, la competencia y las culturas locales. Algunos pasos clave que pueden ayudar a desarrollar un proceso de mercadeo internacional exitoso antes de ingresar en un mercado internacional, pueden incluir: realizar una investigación exhaustiva del mercado objetivo. Esto incluye analizar la demanda del producto o servicio en el mercado, los comportamientos y preferencias de los consumidores, las barreras regulatorias y culturales, y los competidores existentes.

Una vez que se ha realizado una investigación de mercado completa, es importante desarrollar estrategias de marketing efectivas para el mercado internacional. Esto puede incluir adaptar el producto o servicio a las necesidades y preferencias locales, definir la imagen de marca, establecer objetivos de ventas y estrategias de precios, diseñar campañas publicitarias y de promoción adecuadas para el mercado objetivo.

Para tener éxito en un mercado internacional es importante establecer relaciones sólidas con socios locales que puedan proporcionar conocimientos sobre el mercado, experiencia en el sector y acceso a redes de distribución y clientes potenciales. La selección de socios adecuados puede ser un factor clave para el éxito de la expansión internacional. Recuerda, siempre documentar todos estos procesos.

El éxito del marketing internacional depende en gran medida de la capacidad de comunicarse efectivamente con los consumidores locales. Esto puede incluir: el uso de diferentes canales de comunicación, la adaptación del mensaje a las necesidades locales y el uso de idiomas y culturas locales. Es fundamental que la toma de decisiones en la ejecución del plan de mercadeo y la forma como se realiza este, sea estandarizada. Ahora, el cómo se aplica en cada país o en cada mercado, puede ir variando con el tiempo y el cambio del contexto del mercado.

Para evaluar la efectividad del proceso de mercadeo internacional es importante establecer métricas de rendimiento (ROMI) y realizar un seguimiento regular de los resultados. Esto puede ayudar a identificar áreas de mejora y hacer ajustes a la estrategia de marketing.

Implementar un proceso de ventas internacionales exitoso requiere una cuidadosa planificación y ejecución de varias estrategias. Antes de expandir las operaciones internacionalmente, es importante comprender el mercado en el que te estás introduciendo. Investiga las tendencias del mercado, la cultura empresarial y los hábitos de compra de los consumidores. También debes considerar los requisitos legales y regulatorios para operar en ese país.

Determina cómo ajustar tus precios para el mercado internacional. Debes considerar los impuestos, los aranceles y las tarifas de envío, así como también los precios de la competencia en el mercado objetivo. Identifica los canales de distribución que funcionan mejor para tu producto o servicio en el mercado internacional y documenta el paso a paso. Estos pueden incluir: vender directamente a los consumidores, trabajar con distribuidores o mayoristas locales, utilizar tiendas en línea o utilizar otros medios de distribución. Mide la eficiencia y eficacia de cada uno de ellos, describe las acciones de mejora y asegúrate de hacer el cierre de las «no conformidades».

Tu equipo de ventas necesita estar capacitado en el mercado objetivo y su cultura empresarial para garantizar una comunicación efectiva y comprensión amplia del mercado y el cliente. El servicio al cliente es un aspecto crucial en el proceso de ventas internacionales. Debes tener en cuenta los desafíos del idioma y la diferencia horaria en la comunicación, las diferencias culturales y de idiosincrasia, para garantizar que haya un proceso eficiente para manejar cualquier problema.

Un consejo de corazón, realiza un seguimiento regular y exhaustivo del rendimiento de tus ventas internacionales y haz ajustes necesarios para mejorar el proceso.

Implementar un proceso de postventa internacional exitoso puede ser un desafío, pero hay algunos pasos que se pueden seguir para maximizar sus posibilidades de éxito. Primero, asegúrate de tener un proceso bien estructurado para manejar las solicitudes de servicio o soporte de los clientes internacionales. Esto debe incluir una forma fácil para que los clientes se comuniquen, un equipo de soporte dedicado y procesos claros para la resolución de problemas. Es probable que tengas clientes que hablen diferentes idiomas. Por lo tanto, es importante que tengas un equipo de soporte que pueda comunicarse en los idiomas relevantes para tus clientes internacionales.

Para ofrecer un excelente soporte al cliente, el equipo debe estar capacitado para manejar todas las solicitudes y preguntas que puedan surgir. Asegúrate de que el equipo de soporte tenga la capacitación y el conocimiento necesarios para brindar el mejor servicio posible. Asegúrate de hacer un seguimiento regular a las solicitudes de servicio y soluciones. Los clientes internacionales pueden sentirse frustrados si no se les brinda una respuesta o solución a sus problemas de manera oportuna.

Obtener comentarios de los clientes internacionales puede ser valioso para mejorar su proceso de postventa. Anima a los clientes a proporcionar comentarios y utiliza esta información para mejorar la calidad de tu servicio. Hay muchas herramientas tecnológicas que pueden ayudar a automatizar y mejorar el proceso de postventa, como chatbots, seguimiento de solicitudes de servicio, CRM, etcétera.

Siguiendo estos pasos, se puede implementar un proceso de postventa internacional exitoso que brinde un excelente servicio al cliente y aumente la satisfacción y lealtad de los mismos. En los procesos exitosos de fidelización, retención y recuperación de clientes internacionales, hay aspectos adicionales que se deben considerar.

Es importante tener personal que hable varios idiomas para atender a los clientes de diferentes países. Esto asegura que los clientes se sientan cómodos y comprendidos durante la interacción con la empresa.

Establecer canales de comunicación eficaces y tener canales de comunicación adecuados para los clientes internacionales, como correo electrónico, chat en línea, redes sociales y números de teléfono internacionales. Estos canales deben estar disponibles las 24 horas del día, los 7 días de la semana, para satisfacer las necesidades de los clientes en diferentes zonas horarias.

El personal de postventa y de servicio al cliente debe estar capacitado en la cultura empresarial y la diversidad cultural para comprender mejor las necesidades y expectativas de los clientes internacionales. Esto incluye: conocer las diferencias culturales en el comportamiento del cliente y la forma en que se espera que se manejen las interacciones. Una escuela de servicio al cliente y postventa, puede ser una gran iniciativa. No existe exceso en calidad de servicio.

Los clientes internacionales pueden tener necesidades y expectativas diferentes a las de los clientes locales, por lo que es importante personalizar la atención al cliente para satisfacer estas necesidades. Esto puede incluir: la personalización de los mensajes de marketing y las ofertas especiales según la ubicación geográfica y las preferencias culturales de los clientes.

Es importante medir el éxito del proceso de servicio al cliente internacional para identificar áreas que necesitan mejoras y hacer ajustes en consecuencia. Las métricas que se pueden medir incluyen la satisfacción del cliente, el tiempo de respuesta y la tasa de resolución del problema. Una vez que se identifican estos, se debe levantar una «no conformidad» y su respectivo seguimiento a la implementación de la solución, finalmente, el cierre de la «no conformidad» con el proceso.

La retroalimentación de los clientes es una herramienta valiosa para mejorar el proceso de servicio al cliente. Las empresas pueden solicitar comentarios y opiniones de los clientes internacionales para mejorar el servicio y la satisfacción del cliente.

Implementar una estrategia de procesos comerciales para el proyecto de internacionalización de operaciones exitosamente, requiere tener claros los objetivos y metas que se quieren lograr con la implementación del proceso. Estos objetivos deben ser específicos, medibles, alcanzables, relevantes y temporales.

Antes de implementar un nuevo proceso, es necesario conocer cómo se están realizando actualmente las actividades relacionadas con el proceso. Esto permitirá identificar oportunidades de mejora y establecer una línea base para medir el éxito de la implementación.

Una vez que se han identificado las oportunidades de mejora, se debe diseñar un nuevo proceso de mercadeo, ventas, postventa y servicio al cliente que permita alcanzar los objetivos establecidos. Este proceso debe ser claro, detallado y fácil de entender para todos los involucrados, sin importar el idioma, la cultura, el país, la región geográfica o la idiosincrasia.

Cada tarea dentro del proceso debe ser asignada a una persona o grupo de personas responsable, incluso pensar en hacer equipos multinacionales. Es importante que se establezcan claramente las responsabilidades de cada persona y se comuniquen de manera efectiva.

El éxito de un proceso depende en gran medida de la habilidad y conocimiento del personal involucrado. Por lo tanto, es importante capacitar a los empleados en los nuevos procedimientos y asegurarse de que entiendan completamente sus responsabilidades. No está de más evaluar el entendimiento y capacitar nuevamente en las brechas de conocimiento del proceso comercial detectadas.

Una vez que se ha diseñado el nuevo proceso y se ha capacitado al personal, es el momento de implementarlo. Es importante hacer un seguimiento de los resultados y hacer ajustes si es necesario, es importante monitorear su desempeño y hacer mejoras continuamente. Esto ayudará a asegurar que el proceso sea eficiente y efectivo a largo plazo.

Las personas son un elemento clave en la implementación de una estrategia empresarial exitosa. Las estrategias empresariales pueden ser bien pensadas y diseñadas, pero sin la contribución de las personas adecuadas, es poco probable que se implementen de manera efectiva. En el próximo capítulo «ESTRATEGIAS DE PERSONAS», vamos a entender cómo las personas son esenciales para la implementación de una estrategia empresarial. Para que una estrategia tenga éxito, es importante que las personas estén motivadas, comprometidas, preparadas para el cambio, sus objetivos personales alineados con los objetivos de la estrategia de internacionalización y que sean capaces de llevar a cabo las tareas necesarias para lograr los objetivos estratégicos.

Checklist:

HERRAMIENTAS RECOMENDADAS A DESARROLLARSE PARA UN EJERCICIO DE ESTRATEGIAS DE PROCESOS PRÁCTICO Y CORRECTO

- Definir cadena de valor y crear el mapa de procesos.
- Identificar procesos estratégicos.
- Identificar procesos misionales.
- Detectar procesos de apoyo.
- Definir los objetivos.
- Identificar los procesos actuales.
- Diseñar el nuevo proceso.
- Asignar responsabilidades.
- Capacitar al personal.
- Implementar el proceso.
- Monitorear y mejorar continuamente.
- KPI's.

ESTRATEGIAS DE PERSONAS   8

«El secreto de mi éxito fue rodearme de personas mejores que yo».

—*Andrew Carnegie*

La motivación y el compromiso de las personas son esenciales para el éxito de una estrategia. Las personas deben estar comprometidas con la visión de la empresa y estar motivadas para trabajar hacia los objetivos estratégicos de la internacionalización.

La implementación de una estrategia empresarial puede requerir cambios en la forma en que se hacen las cosas en una empresa, más cuando las diferencias en cuanto a cultura, educación, etnia, religión, afiliaciones políticas, identidad de género y demás elementos, efectivamente influencian directamente el resultado. Las personas que trabajan en la empresa deben estar dispuestas y capacitadas para adaptarse a estos cambios y trabajar de manera efectiva en el nuevo entorno.

Las personas son responsables de llevar a cabo las tareas necesarias para implementar la estrategia empresarial. Si los empleados no están preparados para asumir nuevos roles y responsabilidades, puede haber dificultades para lograr los objetivos de internacionalizar las operaciones de la empresa.

Las personas pueden aportar ideas y perspectivas valiosas que ayuden a mejorar la estrategia empresarial. Las empresas deben fomentar una cultura en la que se aliente a los colaboradores a compartir sus ideas y perspectivas para mejorar la estrategia.

¿Tienes las personas correctas trabajando? ¿Se desempeñan en los procesos correctos? ¿Se encuentran haciendo lo correcto? ¿Están motivadas? ¿Las contratarías de nuevo? Es más fácil cuando tienes una visión general de tu equipo y así tomar las mejores decisiones para él.

A pesar de tener una buena posición en el mercado internacional, en la empresa estábamos buscando formas de mejorar la estrategia de internacionalización y crecer aún más. Después de múltiples discusiones y análisis internos, los cuales involucraban las filiales en otros países, se decidió implementar una nueva estrategia, que incluía la contratación de personas altamente capacitadas y motivadas para llevar a cabo los objetivos empresariales.

Para comenzar, se realizó una investigación exhaustiva para identificar los perfiles adecuados de los colaboradores que podrían ser una buena adición al equipo internacional de ese momento. Se buscaron habilidades específicas, como la creatividad, la capacidad de resolver problemas, la experiencia en el mercado de la belleza y la pasión por la industria.

Después de haber identificado los perfiles, se comenzó a buscar a estos candidatos a través de diversos medios, como sitios web de empleo, redes sociales y referencias de colaboradores actuales en cada uno de los países. Durante el proceso de entrevista, se les explicó la visión, misión y objetivos de la empresa, el propósito superior, y fuimos muy claros con el código de ética y los valores de la empresa, así como con los detalles de la nueva estrategia de internacionalización empresarial.

Una vez que se seleccionó al personal adecuado para los filiales de cada país, se lo incorporó a un programa de capacitación intensivo en lo que respecta a producto y funciones, para garantizar que estuvieran familiarizados con la cultura empresarial y comprendieran los procesos y procedimientos de la compañía. Además, se les asignaron mentores experimentados de la alta gerencia para asegurar que recibieran una orientación adecuada y apoyo durante todo el proceso. Incluso yo fui parte de esto al inicio de mi carrera en negocios internacionales. El mismísimo JC fue mi mentor personalizado. A él le debo el éxito de mi carrera el día de hoy y a JB el resto de competencias que hoy tengo en el área comercial.

A medida que se implementaba la nueva estrategia, la compañía alentaba al personal a expresar sus ideas y sugerencias en todo momento. La comunicación abierta y la colaboración fueron fundamentales para el éxito de la estrategia. Se llevó a cabo en todos los niveles de la empresa y se promovió dentro de las filiales.

Los resultados no tardaron en llegar. Con la ayuda del personal altamente capacitado y motivado, la compañía logró lanzar nuevos productos a nivel internacional, aumentar las ventas y expandirse a nuevos mercados nunca antes pensados. Además, la reputación de la compañía se fortaleció y se convirtió en una marca reconocida en la industria de la cosmética y de la belleza por la calidad de profesionales, así como por la motivación y entrega de todos y cada uno de nosotros.

En resumen, esta historia es un ejemplo inspirador sobre cómo una compañía de cosméticos pudo implementar con éxito una estrategia empresarial mediante la contratación y capacitación de personas adecuadas para el trabajo, y alentar una cultura de colaboración y comunicación abierta en toda la empresa.

Todo proceso tiene un inicio, y ciertamente las personas son el recurso más importante dentro de una empresa. Cuando la estrategia es internacionalizar las operaciones, entonces, la contratación multinacional se vuelve un factor determinante, por esto fue incalculable el valor de hacerlo de una manera clara, eficiente y asesorada por profesionales en el área. Para esto recomiendo contratar profesionales idóneos. He visto sinnúmero de empresas contratar familia directa y fallar en el intento. No contrates a nadie que no puedas despedir. Si lo haces, es solo cuestión de tiempo para perder el familiar y quedar mal en el trabajo. ¡¡¡Evítalo!!!

Existen diferentes estrategias que puedes utilizar para la selección de personal, es importante tener una descripción detallada de las competencias, habilidades y conocimientos necesarios para desempeñar el puesto de manera efectiva.

Revisa cuidadosamente la hoja de vida de los candidatos y compáralos con el perfil del puesto. Esto te permitirá seleccionar aquellos candidatos que más se ajusten a lo que estás buscando. Puedes diseñar pruebas que permitan evaluar las habilidades y conocimientos necesarios para el puesto. Estas pruebas te ayudarán a identificar a los candidatos que tienen las habilidades y conocimientos necesarios para el puesto.

Las entrevistas te permiten conocer mejor a los candidatos y evaluar su capacidad para el puesto. Puedes utilizar diferentes tipos de entrevistas, como la entrevista estructurada, la situacional o la conductual. Antes de tomar una decisión final, es importante verificar las referencias de los candidatos para asegurarte de que han trabajado en otros lugares de manera efectiva. Una vez que hayas realizado todas las pruebas y evaluaciones, es importante analizar los resultados y seleccionar al candidato que más se ajuste al perfil del puesto.

Luego del proceso, y una vez que hayas seleccionado al candidato, es importante comunicarle la decisión y ofrecerle el puesto. Además, debes informar a los demás candidatos sobre la decisión final y agradecerles por su interés en la posición. Uno nunca sabe qué puede pasar en el futuro y puedas llegar a necesitar alguno de estos candidatos. Recuerda siempre salir como un caballero de toda situación, así sea para decirle que «no» a un candidato.

El proceso de contratación de personal varía de acuerdo con la empresa y la posición específica que se busca llenar en el proceso comercial internacional; sin embargo, te proporciono una guía general que puede servirte como punto de partida.

Ten en cuenta que el proceso de contratación puede ser largo y requerir mucho tiempo y esfuerzo, pero es esencial para contratar al mejor candidato para el trabajo.

El proceso de capacitación y entrenamiento de personal es esencial para el desarrollo y crecimiento de la organización. Lo primero que se debe hacer es identificar las necesidades de capacitación y entrenamiento del personal. Esto se puede hacer a través de encuestas, entrevistas individuales o grupos focales. También se pueden considerar los objetivos organizacionales y las competencias necesarias para alcanzarlos.

Una vez que se han identificado las necesidades de capacitación, es importante establecer objetivos claros y específicos. Estos objetivos deben ser medibles y estar alineados con los objetivos de la estrategia. Con base en las necesidades y objetivos identificados, se debe diseñar el programa de capacitación y entrenamiento. Esto incluye: determinar el formato de capacitación, los temas a cubrir, los materiales necesarios y la duración del programa.

Para asegurar la calidad de la capacitación, es importante seleccionar a los instructores, mentores, compañeros de trabajo, jefes o líderes adecuados. Estos pueden ser expertos internos o externos a la organización, y deben tener las habilidades y experiencia necesarias para impartir la capacitación de manera efectiva.

Una vez diseñado el programa, es momento de implementarlo. Esto puede incluir la programación de sesiones de capacitación, la asignación de tareas y proyectos, y la entrega de materiales de capacitación. Para medir la efectividad del programa, se deben llevar a cabo evaluaciones. Estas pueden incluir pruebas antes y después de la capacitación, retroalimentación de los participantes y seguimiento de los resultados a largo plazo. Mídelo y docuséntalo todo, esta información podría ser vital en el futuro. De hecho, te permitirá identificar si la persona es la adecuada para continuar con el proceso, si no, ya tienes elementos suficientes para tomar la decisión de no invertir más tiempo y recursos en una contratación que no va a desarrollar el potencial requerido para llevar tu empresa a puertos internacionales seguros.

Con base en los resultados de la evaluación, se debe revisar y mejorar continuamente el programa de capacitación y entrenamiento para asegurar que se están alcanzando los objetivos y se está maximizando el impacto en la organización. Las organizaciones deben asegurar que están proporcionando una capacitación y entrenamiento de calidad al personal, lo que resultará en un equipo de personas más calificadas y efectivas para alcanzar los objetivos de la organización.

El proceso de evaluación del personal puede variar dependiendo de tu empresa y el objetivo de la evaluación, pero en general, antes de comenzar cualquier proceso de evaluación, es importante definir claramente los objetivos que se quieren lograr con ella. ¿Se busca mejorar el rendimiento del personal? ¿Se quiere identificar las fortalezas y debilidades de los empleados para asignar tareas de manera efectiva? ¿Se busca identificar posibles candidatos para una promoción?

Existen diversos métodos de evaluación del personal, como entrevistas, evaluaciones psicológicas, evaluaciones de desempeño, entre otros. Es importante seleccionar el método que mejor se ajuste a los objetivos de la evaluación para el área internacional. Una vez definidos los objetivos y seleccionado el método, se debe planificar la evaluación. Esto incluye establecer un calendario para la evaluación, seleccionar a los evaluadores y preparar el material necesario para la evaluación. Es importante informar al personal que se llevará a cabo una evaluación, así como los objetivos de la misma. Esto permitirá que los empleados se sientan más cómodos durante el proceso y sepan qué esperar. Recuerda, este es un proceso para mejorar las competencias del equipo, no para despedir personas.

Durante la evaluación es importante que los evaluadores sigan el método seleccionado y utilicen el material preparado. También es importante que se tomen en cuenta todos los aspectos relevantes para la evaluación, como el desempeño, habilidades, conocimientos, actitudes, competencias, relacionamiento con los otros miembros del equipo y los colegas en otros países.

Una vez que se han recopilado los resultados de la evaluación, es importante analizarlos para identificar patrones y tendencias. Esto permitirá identificar las fortalezas y debilidades de los colaboradores evaluados y, en consecuencia, tomar decisiones informadas sobre el personal. Finalmente, con base en los resultados de la evaluación, se deben tomar acciones para mejorar el rendimiento de los empleados o recompensar a los empleados destacados. Esto podría incluir un plan de capacitación, una promoción o un aumento de sueldo o, tristemente, el despido.

Tomando en cuenta esto último. Como asesor empresarial, y luego de pasar por más de un centenar de empresas asesoradas en sus estrategias comerciales y de internacionalización, no puedo proporcionar asesoramiento legal específico, pero puedo ofrecer una guía general sobre los pasos comunes en un proceso de despido de personal.

Es importante identificar la razón del despido, ya sea por motivos de rendimiento, comportamiento, recorte de costos u otra razón legítima. Revisa las políticas y procedimientos de la empresa para asegurarse de que el despido cumpla con los requisitos y procedimientos establecidos. Código de ética, código sustantivo del trabajo, también las disposiciones legales de cada país. No querrás verte involucrado en una demanda transnacional como nos sucedió una vez en México.

Comunícale al empleado que está siendo despedido y dale una explicación clara y específica de la razón. Proporciona al empleado una carta de terminación por escrito que especifique la fecha efectiva del despido, cualquier beneficio pendiente y los detalles sobre el pago de cualquier compensación. Recuerda el *paz y salvo* de todas las áreas, te ahorrará dolores de cabeza posteriores.

Recopila cualquier información o propiedad de la empresa que pueda estar en posesión del empleado. Comunícale a los otros colaboradores sobre la partida del mismo, siempre teniendo en cuenta la privacidad y la confidencialidad.

No me voy a cansar de repetir esto, asegúrate de cumplir con todas las leyes laborales de cada país y regulaciones aplicables durante el proceso de despido. No asumas que son iguales a las de tu país de origen, estas pueden variar drásticamente y pueden ser sobreprotectoras y terminarás metido en un lío de palabras mayores.

Es importante recordar que los procedimientos exactos pueden variar según la ubicación y las circunstancias del caso en particular, por lo que es recomendable buscar asesoramiento legal específico antes de realizar cualquier acción de despido.

No todo es trágico en el manejo del personal y la relevancia de las personas en la estrategia de internacionalización. Me gusta más centrarme en el proceso de retener y motivar el equipo de colaboradores, la implementación del salario emocional es una tarea importante que requiere una planificación cuidadosa y un enfoque estratégico.

Lo primero que debes hacer es identificar las necesidades y preferencias de tus empleados en términos de beneficios emocionales. Para ello, puedes realizar encuestas o reuniones individuales con ellos para conocer sus inquietudes y necesidades emocionales. Una vez que hayas identificado las necesidades de tus empleados, debes seleccionar los beneficios emocionales que deseas implementar. Estos beneficios pueden incluir desde flexibilidad horaria, días libres adicionales, programas de bienestar emocional o deportivos, incentivos no monetarios, oportunidades de capacitación y desarrollo, hasta reconocimientos y recompensas o, por qué no, traslados a otros países.

Es importante que comuniques claramente a tus empleados los nuevos beneficios emocionales que se implementarán y cómo funcionarán. Además, puedes proporcionar capacitación y formación para ayudar a los colaboradores a aprovechar al máximo los beneficios emocionales. Asegúrate de que los empleados estén aprovechando estos beneficios y de que estén mejorando la satisfacción y el compromiso de los empleados.

Por último, debes evaluar periódicamente el éxito de los beneficios emocionales y hacer ajustes, según sea necesario. Puedes hacer encuestas de satisfacción a empleados y otras evaluaciones para medir el éxito de los beneficios emocionales y hacer los ajustes necesarios para mejorarlos. Implementar un salario emocional efectivo es un proceso continuo que requiere dedicación y esfuerzo, pero puede marcar una gran diferencia en la satisfacción y el compromiso de tus empleados.

Garantizar que vas a retener el talento no es tarea fácil, pero crear un entorno en el cual tu equipo se vea reflejado en el futuro y quieran ser parte de la implementación de la estrategia en el largo plazo es clave para el éxito. Tener un equipo que rota por no ver oportunidades futuras en la empresa es más costoso que no contratar las personas idóneas desde el inicio. Ya les invertiste tiempo, dinero, capacitación, recursos y demás. Ahora, ¿cómo los vas a retener en el largo plazo?

La clave está en desarrollar a los colaboradores para la empresa que vas a tener dentro de tres a cinco años, no para la que tienes hoy. Lo primero que se debe hacer es establecer los objetivos del plan carrera. ¿Qué se espera lograr con él? ¿Se quiere mejorar la retención de los empleados? ¿Se busca aumentar la motivación y el compromiso? ¿Se quiere fomentar el desarrollo profesional y personal?

Es importante conocer las necesidades y expectativas de los empleados para poder diseñar un plan carrera que realmente les interese. Se pueden realizar encuestas o entrevistas para conocer cuáles son sus metas y aspiraciones, así como sus fortalezas y debilidades. Basándose en las necesidades de los empleados, se pueden definir las oportunidades de desarrollo que se ofrecerán a través del plan carrera. Esto puede incluir: cursos de formación, mentorías, programas de rotación de puestos o países, asignación de proyectos especiales, etcétera. Debes definir claramente los criterios que se utilizarán para determinar quiénes podrán participar en el plan de carrera. Esto puede incluir factores como: la antigüedad en la empresa, el rendimiento, las habilidades y competencias, etcétera. Si es subjetivo, surtirá el efecto contrario.

Después de que se ha diseñado el plan carrera, es determinante comunicarlo de manera efectiva a los colaboradores. Se deben explicar los objetivos, las oportunidades de desarrollo que se ofrecen, los criterios de elegibilidad, el proceso de selección, entre otros. Una vez que se han comunicado las oportunidades de desarrollo a los empleados y se han seleccionado a los candidatos adecuados, es momento de implementar el plan carrera. Esto puede incluir la asignación de tutores o mentores, la programación de cursos de formación, la asignación de proyectos especiales, etcétera.

Es clave evaluar periódicamente el plan carrera para asegurarse de que está funcionando como se esperaba. Se deben identificar las áreas de mejora y hacer los ajustes necesarios para optimizar el programa.

Estamos hablando del equipo de personas del área comercial para una estrategia de internacionalización, por lo cual, la remuneración económica es de vital relevancia y debe ser otro eje fundamental dentro del proceso de creación de la estrategia. El proceso de implementación de un sistema de remuneración variable por resultados puede ser dividido en varios pasos. El primer paso es definir los objetivos de la remuneración variable y los resultados que se esperan alcanzar. Es importante establecer objetivos claros y medibles, para poder evaluar los resultados de manera efectiva. Un comercial sin metas claras es un turista muy bien pagado.

Una vez que se han definido los objetivos, es necesario identificar los indicadores de desempeño (KPI) que se utilizarán para medir el progreso hacia estos objetivos. Estos indicadores deben ser relevantes, medibles y específicos. Incluye dos tipos de indicadores clave de desempeño: los indicadores de gestión y los indicadores de resultado. La excelencia en la gestión lleva por consecuencia un excelente resultado. En este paso, se diseña el plan de remuneración variable, estableciendo las metas que deben alcanzar los empleados para recibir incentivos. El plan debe ser justo y equitativo, y debe tener en cuenta factores como el desempeño individual y el desempeño del equipo.

Es muy relevante que los empleados comprendan cómo funciona el plan de remuneración variable y cómo pueden participar. La comunicación clara y efectiva del plan ayudará a los empleados a establecer objetivos realistas y a trabajar para alcanzarlos. Una vez que se ha diseñado y comunicado el plan de remuneración variable, es hora de implementarlo. Esto puede implicar cambios en los sistemas de pago y la formación de los gerentes y empleados para asegurarse de que el plan se implemente correctamente. Cambiar las condiciones para desmejorar el equipo va a lograr que pierdas los jugadores clave y tu reputación en la industria como empleador se verá afectada. Luego, será toda una odisea tratar de conseguir buen personal.

Después de que el plan se ha implementado, es importante hacer un seguimiento y evaluación regular del desempeño y los resultados. Esto ayudará a identificar las áreas en las que se pueden hacer mejoras y a garantizar que el plan esté funcionando de manera efectiva para la empresa y los empleados. En función de los resultados del seguimiento y evaluación, es posible que sea necesario hacer ajustes y mejoras en el plan de remuneración variable. Esto puede implicar cambios en los objetivos, indicadores de desempeño o en la forma en que se calculan los incentivos.

Antes de implementar cualquier estrategia de personas, es necesario tener una clara definición de la estrategia internacional. Esto permitirá alinear la estrategia de personas con los objetivos generales de la organización. Es prioritario identificar las necesidades de la organización en términos de recursos humanos. Esto incluye: determinar el número de colaboradores necesarios, las habilidades requeridas, las áreas de especialización, etcétera.

Una vez identificadas las necesidades de la organización, es necesario analizar el talento existente. Esto ayudará a determinar qué habilidades y capacidades ya existen en la organización y en qué áreas se necesita mejorar. Si se determina que es necesario contratar más empleados para cumplir con las necesidades de la organización, es importante desarrollar un plan de reclutamiento. Esto incluye: identificar las fuentes de reclutamiento, la descripción del puesto, el proceso de selección, entre otros aspectos importantes.

Para garantizar que los empleados tengan las habilidades y capacidades necesarias para cumplir con las necesidades de la organización es fundamental desarrollar un plan de capacitación y desarrollo. Esto incluye: determinar qué habilidades deben desarrollarse, qué recursos se necesitan, cómo se impartirá la capacitación, entre otros aspectos.

Para garantizar que los empleados estén cumpliendo con los objetivos de la organización es necesario establecer un plan de evaluación del desempeño. Esto incluye: determinar los criterios de evaluación, cómo se llevará a cabo la evaluación, quién la realizará, entre otros aspectos.

Las personas correctas en los procesos correctos no son suficientes, el relacionamiento con el cliente internacional es mucho más que eso, las estrategias de postventa son importantes porque permiten a las empresas mantener una buena relación con sus clientes después de que se ha realizado una compra. Estas estrategias pueden incluir medidas como: el seguimiento del cliente para asegurarse de que está satisfecho con su compra, ofrecer soporte técnico, proporcionar garantías y reparaciones, ofrecer promociones y descuentos especiales y, finalmente, que nos vuelvan a comprar una y otra vez.

En el próximo capítulo «ESTRATEGIAS DE POSTVENTA», vamos a discutir estrategias de fidelización, retención y recuperación, efectivas. Las empresas pueden aumentar la lealtad de sus clientes, lo que puede resultar en una mayor retención y en la generación de ventas adicionales a través del *boca a boca* y recomendaciones. Además, las estrategias de postventa pueden ayudar a las empresas a identificar áreas de mejora y oportunidades para innovar y mejorar sus productos o servicios.

Checklist:

HERRAMIENTAS RECOMENDADAS A DESARROLLARSE PARA UN EJERCICIO DE ESTRATEGIAS DE PERSONAS PRÁCTICO Y CORRECTO

- Definir los objetivos y metas de la estrategia de personas.

- Realizar un análisis de la situación actual de la empresa en cuanto a su cultura, clima laboral, nivel de compromiso de los empleados, políticas de compensación y beneficios, entre otros aspectos.

- Identificar las habilidades y competencias necesarias para alcanzar los objetivos y metas de la estrategia.

- Revisar y ajustar las políticas y procedimientos de recursos humanos para alinearlos con los objetivos y metas de la estrategia.

- Identificar los riesgos y oportunidades que puedan afectar la implementación de la estrategia de personas.

- Establecer un plan de acción detallado con objetivos y metas específicas, plazos y responsables para la implementación de la estrategia.

- Comunicar claramente la estrategia de personas a todos los miembros de la organización y asegurarse de que comprendan su importancia y objetivos.

- Establecer métricas y KPI's (Indicadores Clave de Desempeño) para evaluar el éxito de la estrategia y realizar seguimiento regular.

- Establecer un presupuesto para la implementación de la estrategia de personas y asegurarse de que sea sostenible.

- Identificar y seleccionar las herramientas y tecnologías necesarias para la implementación de la estrategia.

- Capacitar y formar a los líderes y empleados de la organización para asegurar que tengan las habilidades y conocimientos necesarios para apoyar la implementación de la estrategia.

- Realizar ajustes y mejoras continuas a la estrategia de personas en función de los resultados y el *feedback* recibido.

- Salario emocional.

- Plan carrera.

- Remuneración variable por resultados.

ESTRATEGIAS DE POSTVENTA 9

«Convierte al cliente en el héroe de tu historia».

—Ann Handley

La estrategia internacional debe tener un enfoque de cultura de servicio, un enfoque que busque crear una cultura organizacional centrada en el servicio al cliente. Esta cultura se enfoca en el cliente como el centro de la empresa y de la estrategia de internacionalización y busca crear un ambiente en el que todos los colaboradores de la organización estén comprometidos en brindar un excelente servicio, tanto al cliente interno como al externo.

En este capítulo definiremos las estrategias y tácticas adecuadas para garantizar la fidelización, retención y recuperación de tus clientes, asegurar que permanecen contigo y tener una experiencia placentera con tu compañía, tus productos y servicios.

Lo primero es establecer los valores que la empresa quiere promover en cuanto al servicio al cliente. Estos valores deben ser claros, coherentes y estar en línea con la visión, misión, el propósito superior y el código de ética de la organización.

Una vez que se hayan establecido los valores, la empresa debe identificar los puntos de contacto con el cliente. Estos son todos los momentos en los que el cliente interactúa con la empresa, desde el momento en que realiza una compra hasta el momento en que recibe el producto o servicio. El proceso de comercialización internacional puede llegar a ser frustrante, por lo cual, el exceso de servicio nunca irá en detrimento para tu empresa y negocios internacionales.

La capacitación es esencial para crear una cultura de servicio. Se debe asegurar que todos los empleados estén capacitados para brindar un excelente servicio al cliente. Esto incluye no solo habilidades técnicas, sino también habilidades interpersonales y de comunicación. La empresa debe comunicar claramente su estrategia de cultura de servicio a todos los empleados. Esto asegura que todos estén alineados con los valores de la empresa y trabajen juntos para brindar un servicio excepcional.

La cultura de servicio es un esfuerzo de equipo. Debes fomentar el trabajo y la colaboración entre los empleados para brindar el mejor servicio posible. La empresa tiene que medir los resultados de la estrategia de cultura de servicio. Esto puede incluir métricas como: la satisfacción del cliente, el tiempo de respuesta y la retención de clientes. La medición permite a la empresa identificar áreas de mejora y ajustar su estrategia en consecuencia. Puede que para ti en este momento no sea tan relevante este tema, pero si piensas en el mercado internacional y el potencial de comercializar con países desarrollados, todos estos temas ya son materias cursadas exitosamente por ellos.

La cultura de servicio debe ser una mejora continua. La empresa debe revisar regularmente su estrategia y hacer ajustes en función de los resultados y los comentarios de los clientes y empleados.

La excelencia en el servicio es algo innato en la experiencia de los clientes con las empresas, pero en una empresa dedicada a la belleza, distribución y comercialización de cosméticos, en la que producíamos una amplia gama de productos de belleza de alta calidad y teníamos una base de clientes leales en su mercado local era imperativa. Sin embargo, la empresa había estado buscando formas de expandirse a nivel internacional por un par de décadas para aumentar su alcance y ventas. Después de investigar diferentes estrategias, se decidió enfocarnos en mejorar el servicio de postventa para clientes internacionales ya establecidos.

Se comenzó por identificar las barreras que enfrentaban los clientes internacionales en términos de servicio postventa. Descubrimos que muchos clientes tenían problemas para comunicarse con la empresa debido a las diferencias de idioma y la falta de acceso a servicios de atención al cliente en línea.

Para solucionar este problema se contrató a un equipo de especialistas multilingües en atención al cliente y se estableció una línea telefónica y un chat en línea disponible las 24 horas del día, los 7 días de la semana. Dependiendo del horario o el origen de la llamada o la petición, se redireccionaba a la filial de la zona. Además, se mejoró el sitio web para ofrecer información clara y accesible sobre los productos y servicios internacionales, incluidas las políticas de devolución y reembolso, garantías, preguntas frecuentes, políticas de distribución internacionales, entre otros.

También se aseguró de que los productos se enviaran de manera segura y oportuna a través de asociaciones con empresas de envío internacionales confiables. También se ofreció seguimiento de los envíos en línea, lo que brindó tranquilidad a los clientes internacionales.

Para promover el servicio postventa, también nos aseguramos de estar presentes en las redes sociales y de tener una presencia activa en foros y comunidades en línea relevantes para nuestro público objetivo. La estrategia de postventa internacional tuvo un impacto positivo en la expansión internacional. Los clientes internacionales se sintieron más seguros al comprar productos de la empresa debido a la disponibilidad de un servicio de postventa de alta calidad y, como resultado, la empresa experimentó un aumento en las ventas internacionales. Además, la estrategia mejoró la reputación en línea, lo que resultó en una mayor fidelización de los clientes internacionales y una mayor demanda de los productos en todo el mundo.

Pensamos que el servicio al cliente consistía en ser educados, amables y responder a las inquietudes inmediatamente. Realmente, es mucho más que eso, las políticas de servicio son esenciales para cualquier estrategia de internacionalización de empresas, ya que ayudan a establecer la forma en que esta interactúa con sus clientes y proveedores en diferentes mercados. Una política de servicio que podría ser útil para una estrategia de internacionalización de empresas es la adaptabilidad. La empresa debe ser capaz de adaptar sus productos o servicios a las necesidades y expectativas de los clientes en cada mercado en el que opera. Esto podría incluir: ajustes en el idioma, la cultura, la moneda y los requisitos legales y regulatorios.

La empresa debe comprometerse a ofrecer servicios de alta calidad en cada mercado en el que opera. Esto implica asegurarse de que el personal esté capacitado adecuadamente, que los procesos y sistemas sean eficientes y efectivos, y que se mantengan altos estándares de servicio al cliente. Debe ser capaz de comunicarse con los clientes en cada mercado, de manera clara y efectiva. Mientras más mercados se sirvan, mayor debe ser la capacidad de la empresa de personalizar sus servicios para satisfacer las necesidades y preferencias de los clientes. Esto podría implicar: ofrecer diferentes niveles de servicio, productos o paquetes, según las necesidades del mercado. Resolver problemas y quejas de manera efectiva y eficiente podría requerir la capacitación de personal local en la resolución de conflictos o la inversión en tecnología de seguimiento y resolución de problemas.

Los niveles de servicio de una estrategia de internacionalización de empresas pueden variar dependiendo de varios factores, como el sector industrial, el mercado objetivo, los recursos disponibles y las metas de la empresa. La calidad del producto o servicio debe ser consistente y satisfacer las necesidades y expectativas de los clientes en los mercados internacionales. Esto puede implicar la adaptación del producto o servicio a las preferencias culturales y las regulaciones locales.

La empresa debe ser capaz de entregar el producto o servicio de manera oportuna y eficiente a los clientes internacionales. Esto puede requerir una logística de transporte y distribución eficiente y una buena gestión de inventario. Se debe ofrecer un buen servicio al cliente, incluyendo soporte técnico y asistencia en idiomas locales. Debe ser capaz de adaptarse a las diferencias culturales en los mercados internacionales y tener en cuenta las normas y prácticas comerciales locales.

Si no se es capaz de ofrecer precios competitivos en los mercados internacionales sin comprometer la calidad del producto o del servicio, te recomiendo que ni siquiera te aventures a explorar la posibilidad. Puedes perder hasta la camiseta sin darte cuenta.

Los canales de servicio de una estrategia de internacionalización de empresas pueden variar según la empresa y su industria, pero aquí hay algunos que podrías considerar para incrementar la posibilidad de tener resultados impresionantes y tener una empresa muy próspera en la arena internacional.

Un sitio web multilingüe puede ayudar a la empresa a llegar a una audiencia global y proporcionar información detallada sobre sus productos o servicios. Las redes sociales pueden ayudar a conectarse con clientes potenciales en todo el mundo y promocionar los productos o servicios.

Ofrecer soporte en línea puede ser una forma eficaz de atender las necesidades de los clientes y solucionar problemas de manera rápida. Adicionar un centro de llamadas multilingüe puede ser esencial para proporcionar soporte al cliente en diferentes idiomas y culturas.

Tener representantes de ventas locales en diferentes países puede ayudar a la empresa a establecer relaciones comerciales y comprender mejor las necesidades de los clientes locales. No te limites a pensar que estos deben ser empleados directos d, recuerda que existen muchos modelos para contratar fuerza de venta indirecta, pueden ser agentes, e incluso tomar los comerciales o la fuerza de ventas de tus distribuidores y mayoristas como si fueran los tuyos, ellos pueden generar una experiencia única de tus clientes con tu empresa.

Las asociaciones comerciales pueden ayudarte a establecer relaciones con otros negocios en el extranjero y obtener acceso a nuevas oportunidades. Participar en ferias y exposiciones internacionales puede ser una forma efectiva de llegar a tus clientes y hacer negocios en diferentes partes del mundo. La publicidad local en los medios de comunicación del país de destino puede ayudar a la empresa a generar conciencia de marca y aumentar la visibilidad en un mercado extranjero.

La fidelización de clientes internacionales es fundamental para mantener un negocio exitoso y sostenible a largo plazo. Los clientes internacionales pueden estar a miles de kilómetros de distancia, cada país y región tiene sus propias tradiciones y costumbres, por lo que es importante que las empresas comprendan y se adapten a las diferencias culturales para poder brindar un servicio personalizado que respete las sensibilidades de los clientes.

Las empresas deben esforzarse por crear una experiencia de marca única y coherente en todos los países en los que operan, con el fin de crear una relación emocional con sus clientes y fomentar la lealtad.

Los programas de recompensas y descuentos exclusivos son una excelente manera de incentivar la fidelidad de los clientes internacionales. Las empresas pueden ofrecer descuentos especiales, promociones y regalos para recompensar a sus clientes más leales.

Las empresas deben asegurarse de que su presencia en línea sea sólida y esté adaptada a las necesidades de los clientes, con contenido relevante y accesible en varios idiomas.

Las estrategias de retención de clientes pueden variar dependiendo del tipo de negocio y del mercado en el que se encuentra la empresa. La personalización de los productos o servicios que se ofrecen a los clientes internacionales puede ser una estrategia efectiva para retenerlos. Las empresas deben adaptar su oferta a las necesidades y preferencias, lo que puede requerir la realización de investigaciones de mercado y análisis de datos.

Es importante establecer relaciones a largo plazo con los clientes para retenerlos. Las empresas pueden lograr esto a través de la construcción de una red de contactos en el mercado y la realización de actividades de *networking*.

También, existen varias estrategias que puedes utilizar para recuperar clientes perdidos. Antes de comenzar a trabajar en la recuperación de un cliente, es importante entender por qué se fue en primer lugar. ¿Fue debido a un problema con tu producto o servicio? ¿Hubo un malentendido o una falta de comunicación? Una vez que comprendas la causa raíz, puedes tomar medidas para corregirlo y evitar que ocurra en el futuro.

Los incentivos son una forma efectiva de atraer a los clientes de regreso. Puedes ofrecer descuentos, ofertas especiales o incluso regalos para agradecerles por su lealtad y motivarlos a volver. Al personalizar la experiencia del cliente, puedes hacer que se sienta valorado y único. Puedes enviarle correos electrónicos personalizados, mensajes de texto o incluso llamarlo por su nombre. Esta atención al detalle puede marcar una gran diferencia en la percepción del cliente sobre tu empresa.

Pedir retroalimentación a los clientes perdidos puede ayudarte a entender mejor sus necesidades y expectativas. Esta información te permitirá hacer mejoras en tu producto o servicio y corregir problemas que puedan haber causado la pérdida del cliente en primer lugar.

Mantener el contacto con los clientes perdidos puede ayudarte a mantener una relación positiva con ellos. Puedes enviarles noticias, actualizaciones de productos o incluso felicitarlos en fechas importantes. Esto demuestra que te preocupas por ellos y puedes ayudar a fomentar la lealtad a largo plazo.

Finalmente, es importante ser proactivo en la recuperación del cliente. No esperes a que él se acerque a ti, toma la iniciativa y contáctalo. Demuestra que estás comprometido con su satisfacción y que te importa su negocio.

Implementar una **escuela de servicio** exitosa puede ser un proceso desafiante, pero aquí hay algunos pasos generales que podrían ayudarte a lograrlo y hacer una gran diferencia entre los del montón y tu empresa.

Antes de comenzar a implementar una escuela de servicio, es importante tener una visión y misión claras en mente. La visión debe ser un futuro ideal que quieres alcanzar con tu escuela, mientras que la misión debe ser una declaración clara y concisa de tu propósito y objetivos. El siguiente paso es diseñar un currículo efectivo que cubra todas las habilidades y conocimientos necesarios para un servicio de alta calidad. Puedes considerar trabajar con expertos en el campo o consultar a otras escuelas de servicio exitosas para obtener ideas.

La calidad de la enseñanza depende en gran medida de la calidad de los profesores y el personal de apoyo. Asegúrate de contratar personas con experiencia y habilidades en el campo del servicio. Una escuela de servicio debe tener un ambiente de aprendizaje acogedor y positivo para los colaboradores. Puedes lograr esto ofreciendo una estructura clara, fomentando la interacción entre colaboradores y profesores o mentores y creando un ambiente físico atractivo y seguro.

Finalmente, es importante realizar evaluaciones regulares del rendimiento de la escuela y utilizar la retroalimentación para mejorar continuamente. Puedes medir el éxito de tu escuela a través de métricas como: la tasa de graduación, la satisfacción de los clientes y la satisfacción del empleado.

La implementación de una estrategia exitosa de postventa internacional es un proceso complejo, pero aquí te resumo algunos pasos clave que podrías seguir para lograrlo:

- Lo primero que debes hacer es **establecer tus objetivos y metas** de postventa internacional. ¿Qué quieres lograr? ¿Quieres mejorar la satisfacción del cliente? ¿Quieres aumentar la fidelidad de tus clientes internacionales? ¿Quieres reducir las devoluciones? Una vez que tengas claridad sobre tus objetivos, podrás comenzar a diseñar tu estrategia.

- **Identifica los mercados internacionales** donde deseas enfocar tus esfuerzos de postventa (fidelización, retención y recuperación). Analiza los mercados potenciales en función de su tamaño, su capacidad adquisitiva, la cultura del consumidor, las regulaciones locales y la competencia.

- **Define los canales de postventa** que utilizarás para llegar a tus clientes internacionales. Estos canales pueden incluir correo electrónico, chat en vivo, teléfono, redes sociales, entre otros.

- **Personaliza tu estrategia** de postventa para cada mercado internacional. Asegúrate de tener en cuenta las diferencias culturales y de idioma para adaptar tu estrategia y garantizar una experiencia de postventa satisfactoria para tus clientes internacionales.

- **Capacita a tu equipo de postventa** en las diferencias culturales y de idioma, y en las políticas y procesos de cada mercado internacional. Esto ayudará a garantizar que tu equipo pueda ofrecer un servicio al cliente de alta calidad en todos los mercados internacionales donde operes.

- **Realiza un seguimiento constante** de la satisfacción del cliente y mide los resultados de tus esfuerzos de postventa en cada mercado internacional. Utiliza estas métricas para evaluar el éxito de tu estrategia de postventa y para realizar mejoras continuas.

Ya estamos llegando al final de la planeación estratégica comercial para la internacionalización de tu empresa; sin embargo, no tener una idea numérica del negocio y de la estrategia sería un error estructural gigante e imperdonable. Por esto lo he dejado para el último capítulo. En los presupuestos encontramos la herramienta perfecta para materializar numéricamente lo que hemos visto a través de todos los capítulos anteriores. En el siguiente capítulo, «ESTRATEGIAS DE PRESUPUESTOS» vamos a identificar cómo los presupuestos nos permiten planificar los gastos e ingresos en el corto y largo plazo. Al internacionalizarse, las empresas deben tener en cuenta los costos asociados con la entrada en nuevos mercados y los ingresos esperados. Un presupuesto bien planificado puede ayudar a la empresa a asegurarse de que tiene suficiente capital para financiar sus operaciones en el extranjero.

Checklist:

HERRAMIENTAS RECOMENDADAS A DESARROLLARSE PARA UN EJERCICIO DE ESTRATEGIAS DE POSTVENTA PRÁCTICO Y CORRECTO

• ABC de clientes.

• ABC de producto.

• Encuestas de satisfacción y de calidad del servicio

• Identificar clientes a fidelizar.

• Identificar clientes a retener.

• Identificar clientes a recuperar.

• Personalizar los canales de atención.

• Definir estrategia de postventa para cada mercado o cada región.

• Identificar niveles de servicio.

• Capacitar al equipo.

• Establecer métricas y KPI's (Indicadores Clave de Desempeño) para evaluar el éxito de la estrategia y realizar seguimiento regular.

• Escuela de servicio.

ESTRATEGIAS DE PRESUPUESTOS

10

«Solo podremos tomar decisiones acertadas si sabemos cómo analizar e interpretar los datos».

—*Avinash Kaushik*

Los presupuestos son una parte fundamental de cualquier estrategia empresarial. Esto incluye la estrategia de internacionalización. Un presupuesto bien elaborado, ayuda a la empresa a establecer metas realistas, a identificar los recursos necesarios para alcanzar esas metas, y a asegurarse de que el uso de los recursos esté alineado con la estrategia general de la empresa.

En el contexto de la internacionalización, los presupuestos son especialmente importantes porque los costos y los riesgos asociados con la entrada en nuevos mercados pueden ser significativos. Elaborar un presupuesto cuidadoso puede ayudar a una empresa a evaluar la viabilidad de una expansión internacional y a tomar decisiones informadas sobre la asignación de recursos.

Los presupuestos también son importantes para el seguimiento y la evaluación del progreso de la estrategia de internacionalización. Si se establecen objetivos medibles y se asignan presupuestos específicos a cada actividad, la empresa puede realizar un seguimiento del progreso hacia esos objetivos y ajustar su estrategia según sea necesario.

Los presupuestos son una herramienta importante para la comunicación interna y externa de la empresa. Al internacionalizarse, esta debe comunicar sus planes financieros y estrategias a todos sus miembros y a los inversores potenciales. Un presupuesto bien planificado puede ayudar a la empresa a hacer esto de manera clara y efectiva.

¿Sabes qué vas a vender? ¿Cuánto te vas a gastar? ¿En dónde? ¿Cuándo? ¿Con quién? ¿En qué canal? ¿Cómo sabes que llegaste a la meta? ¿Cuánto te falta? ¿Conoces los gastos involucrados? Si tu equipo de internacionalización no sabe para dónde va, ¡¡¡cualquier bus le sirve!!!

Una cosa es entrar en mercados internacionales, otra es ser rentable, sostenible y crecer en el tiempo, en dichos mercados. Con el pasar de los años en la empresa de cosméticos estábamos luchando por mantenernos a flote en un mercado altamente competitivo. A pesar de ofrecer productos de alta calidad, no se estaban generando suficientes ingresos para expandirnos e invertir en nuevas líneas de productos y apoyar las estrategias de posicionamiento de la línea a nivel mundial.

La alta gerencia decidió implementar una estrategia de presupuestos rigurosos para mejorar la rentabilidad de las operaciones internacionales. El plan consistió en asignar presupuestos para cada país, filial, región, cada departamento tuvo que establecer objetivos de ventas, reducir costos y gastos innecesarios.

Para empezar, la empresa reorganizó sus operaciones internacionales, eliminando gastos superfluos y reduciendo costos en áreas como publicidad y marketing. A continuación, se establecieron objetivos de ventas realistas y se asignaron presupuestos a cada filial para alcanzarlos.

Se implementaron medidas para monitorear el desempeño de cada departamento y se tomaron decisiones oportunas para corregir cualquier desviación en los gastos o ingresos. La gerencia también fue proactiva en identificar oportunidades de crecimiento y en invertir en áreas clave de la empresa.

Gracias a esta estrategia, la rentabilidad comenzó a mejorar significativamente. La empresa logró reducir sus costos totales y aumentar sus ingresos, lo que le permitió expandirse a nuevos mercados, lanzar nuevas líneas de productos y establecernos como sólidos competidores en los países en los cuales ya teníamos presencia.

El equipo de liderazgo comercial corporativo decidió implementar una estrategia de presupuestos de ventas y mercadeo para abordar su desafío. La idea era asignar fondos específicos para actividades de marketing y ventas, con el objetivo de maximizar el retorno de inversión (ROMI) y (ROS) en esas áreas.

El primer paso fue analizar cuidadosamente las tendencias del mercado y las preferencias de los consumidores en relación con los productos cosméticos actuales. Con esta información, se pudo identificar los canales de marketing más efectivos y las tácticas más eficientes para llegar al público objetivo.

Se asignó un presupuesto adecuado para cada uno de estos canales de marketing, incluyendo publicidad en línea, eventos de la industria, relaciones públicas y redes sociales. Además, se decidió implementar un programa de referidos para incentivar a los clientes actuales.

En paralelo, se creó un equipo de ventas dedicado a ampliar la presencia de la marca en tiendas de belleza y spas. El equipo de ventas recibió un presupuesto específico para cubrir los costos de viaje y promociones especiales, con el objetivo de incentivar a los minoristas a llevar los productos cosméticos en sus tiendas.

El resultado de esta estrategia de presupuestos de ventas y mercadeo fue un gran éxito. La empresa experimentó un aumento significativo en las ventas y en la base de clientes leales. Además, la empresa logró aumentar su presencia en tiendas de belleza y spas, lo que ayudó a la marca a llegar a un público más amplio.

Establecer presupuestos de *capex* (gastos de capital) y *opex* (gastos operativos) es un proceso clave para cualquier negocio, ya que ayuda a garantizar que los recursos se asignen de manera efectiva y eficiente.

Evalúa tus necesidades de inversión a largo plazo. Esto incluye cualquier equipo, infraestructura o propiedad que necesites para operar tu negocio a largo plazo. Identifica tus gastos operativos actuales y considera cualquier aumento esperado en estos gastos debido a factores como el crecimiento de la empresa o el aumento de los costos de mano de obra.

Identifica oportunidades para reducir costos en ambas áreas, *capex* y *opex*. Esto podría incluir la adopción de tecnologías más eficientes o la consolidación de proveedores. Establece objetivos financieros claros para tu negocio, como el retorno de la inversión (ROI), el crecimiento de los ingresos o la mejora de la rentabilidad. Utiliza estos objetivos para establecer metas específicas de *capex* y *opex*.

Asigna presupuestos específicos para cada área basándote en los objetivos financieros de tu empresa y en el análisis de necesidades y oportunidades de reducción de costos.

Realiza un seguimiento regular de tus gastos de *capex* y *opex* y ajusta los presupuestos según sea necesario para asegurarte de que se cumplan tus objetivos financieros.

Para crear un presupuesto de costos y gastos para una estrategia de internacionalización empresarial, debes empezar por identificar los costos y gastos directos. Estos son los costos que están directamente relacionados con la ejecución de la estrategia de internacionalización, como los costos de investigación de mercado, la creación de una presencia en línea, la contratación de personal especializado, el transporte de bienes, entre otros.

Identificar los costos y gastos indirectos. Estos son los costos que no están directamente relacionados con la ejecución de la estrategia, pero que son necesarios para llevarla a cabo, como el alquiler de oficinas, los costos de electricidad y agua, los costos de suministros de oficina, entre otros. Una vez que hayas identificado los costos y gastos directos e indirectos, debes estimar cuánto costará cada uno. Para hacerlo, puedes basarte en experiencias anteriores, cotizaciones de proveedores o investigaciones de mercado.

Es importante priorizar los costos y gastos en función de su importancia para la estrategia de internacionalización. Por ejemplo, el costo de contratar personal especializado puede ser más importante que el costo de suministros de oficina.

Una vez que hayas estimado los costos y gastos y priorizado cada uno, debes hacer un presupuesto detallado que incluya todos los costos y gastos relacionados con la estrategia de internacionalización. Es importante revisar el presupuesto regularmente para asegurarte de que se esté cumpliendo y hacer los ajustes necesarios en caso de que surjan cambios inesperados en los costos y gastos.

Para crear un presupuesto de marketing, ventas y postventa para una estrategia de internacionalización empresarial, es necesario definir los objetivos comerciales a largo y corto plazo de la estrategia de internacionalización. Esto ayudará a determinar la cantidad de recursos que se deben asignar para cada objetivo.

Es necesario identificar el mercado objetivo al que se desea dirigir la estrategia de internacionalización empresarial. Esto incluye: investigar el mercado, las tendencias, los competidores y los clientes potenciales. Crear un plan de marketing que incluya las estrategias y tácticas que se utilizarán para llegar al mercado objetivo. El plan de marketing debe incluir: los canales de marketing, como la publicidad, el marketing digital, las relaciones públicas, las ferias comerciales, entre otros. Es importante establecer un presupuesto para el marketing que vaya acorde con los objetivos y el plan de marketing. El presupuesto debe incluir los costos de los materiales de marketing, los costos de los canales de marketing, los costos de los eventos, entre otros.

Es muy importante crear un plan de ventas que incluya las estrategias y tácticas que se utilizarán para vender los productos o servicios en el mercado objetivo. El plan de ventas debe incluir: los canales de ventas, los objetivos de ventas, los costos de ventas, entre otros.

Es necesario crear un plan de postventa que incluya las estrategias y tácticas que se utilizarán para mantener y fidelizar a los clientes en el mercado objetivo. El plan de postventa debe incluir los canales, objetivos, y los costos de postventa, entre otros.

Crear un presupuesto de compras para una estrategia de internacionalización empresarial implica considerar una serie de factores clave, incluyendo los costos de los productos y servicios necesarios para la expansión, los costos asociados con la logística y el transporte, los costos de personal y otros gastos relacionados con la gestión de una operación internacional.

Aquí hay algunos pasos generales que pueden ayudarte a crear un presupuesto de compras para una estrategia de internacionalización empresarial exitosa:

Evalúa las necesidades de tu empresa. Antes de comenzar a hacer presupuestos es importante que tengas una comprensión clara de lo que necesitas para tu expansión internacional. Esto puede incluir: materiales, maquinaria, tecnología y otros recursos necesarios para tu empresa.

Investiga los costos de los productos y servicios que necesitas. Es importante tener una comprensión clara de los precios, tanto en tu mercado local como en los mercados internacionales a los que te diriges. A medida que expandes tu negocio, también tendrás que considerar los costos asociados con el transporte y la logística. Esto puede incluir los costos de envío de mercancías, impuestos de importación y otros cargos aduaneros, así como los costos de almacenamiento y gestión de inventario.

Además de los costos de compra y logística, también deberás considerar los costos asociados con la gestión de una operación internacional. Esto puede incluir: costos de contratación de personal, de capacitación y otros gastos relacionados con la expansión.

Antes de comenzar a crear un presupuesto, es fundamental tener una visión clara de los objetivos financieros a largo y corto plazo de la organización. Revisar los gastos e ingresos del pasado puede ayudar a identificar patrones y tendencias útiles al momento de presupuestar. Es importante identificar cuáles son los gastos esenciales y cuáles son opcionales, y establecer prioridades para ajustar el presupuesto en consecuencia.

Establecer un marco de tiempo adecuado. Es necesario determinar el periodo de tiempo para el que se va a elaborar el presupuesto y ser conservadores sobre lo que se puede lograr en ese periodo. Los presupuestos deben ser realistas y basados en datos concretos, de modo que se pueda tener una idea clara de lo que es posible.

Recuerda que establecer presupuestos de *capex* y *opex* es un proceso continuo y dinámico, y es importante revisar y ajustar los presupuestos regularmente para garantizar que su empresa esté operando de manera efectiva y eficiente.

Una vez que hayas evaluado tus necesidades, investigado los costos y considerado todos los demás factores, puedes comenzar a crear un presupuesto de compras. Esto te permitirá tener una comprensión clara de los costos asociados con la expansión de tu empresa y te ayudará a planificar y gestionar tus finanzas de manera efectiva.

El presupuesto de personal debe formar parte de un presupuesto general para la estrategia de internacionalización de tu empresa. Por lo tanto, debes considerar otros costos asociados con el proceso, como los de viaje y alojamiento, los costos de aduanas y exportación, y los de investigación y desarrollo de nuevos productos o servicios para el mercado internacional.

En resumen, para crear un presupuesto de marketing, ventas y postventa para una estrategia de internacionalización empresarial, es necesario definir los objetivos, identificar el mercado objetivo, crear un plan de marketing, establecer un presupuesto para marketing, crear un plan de ventas, establecer un presupuesto para las ventas, crear un plan de postventa y establecer un presupuesto para la postventa.

Una vez que se haya implementado el presupuesto, es necesario monitorearlo regularmente y hacer ajustes, si es necesario, para asegurarte de que se estén cumpliendo los objetivos financieros. Es importante comunicar de manera clara y efectiva los objetivos del presupuesto a todos los miembros del equipo involucrados en la implementación, para garantizar que todos estén alineados y trabajando en la misma dirección.

El uso de herramientas tecnológicas puede ser de gran ayuda para la elaboración, seguimiento y control del presupuesto, y puede reducir el tiempo y esfuerzo necesarios para llevarlo a cabo.

Es importante recordar que los presupuestos son estimaciones y que siempre puede haber desviaciones de los mismos.

Por lo tanto, es importante revisar y actualizar regularmente tu presupuesto a medida que avanza tu estrategia de internacionalización empresarial.

Tras años de experiencia en el mundo empresarial, puedo decir que el mayor desafío que he enfrentado es mantener un crecimiento rentable y sostenible en el tiempo. En este libro, te he contado cómo conseguí cumplir todos mis objetivos y superar los retos que representó la internacionalización de una empresa de cosméticos.

La planificación estratégica es clave para definir objetivos claros y crear un mapa de ruta para el éxito empresarial. El diseño de productos y servicios debe centrarse en brindar el máximo valor posible a nuestro mercado objetivo, pero, además, ofrecer una experiencia de compra excepcional y diferenciarse de la competencia. En este libro, analizamos también cómo las estrategias de precios pueden aumentar la rentabilidad y crear una sensación de valor con los clientes.

Pero, por sobre todo, es esencial tener una estrategia de «OMNICANALIDAD» durante todo el proceso, desde las estrategias de marketing, hasta los canales de distribución y postventa. Te invito a seguir explorando el capítulo final de este libro en el que te compartiré mis observaciones finales acerca de cómo lograr un crecimiento rentable y sostenible en tu estrategia de internacionalización de tu empresa.

¡NOS VOLVEREMOS A VER!

«La estrategia sin tácticas es la ruta más lenta hacia la victoria. Las tácticas sin estrategia son el ruido antes de la derrota».

—*Sun Tzu*

Me dirijo a ti con humildad y gratitud para agradecerte por haber tomado el tiempo de leer mi libro sobre estrategias de internacionalización. Sé que tus horarios pueden ser muy apretados y hay muchos otros libros y actividades que compiten por tu atención.

Por eso, quiero expresar mi más sincero agradecimiento por haber elegido mi libro. Espero que haya sido una experiencia enriquecedora e informativa para ti. Mi objetivo al escribirlo fue compartir mi conocimiento y experiencia en el tema de la internacionalización empresarial, estoy muy agradecido de que hayas encontrado valor en mis ideas y reflexiones.

Me encantaría escuchar tus comentarios y opiniones sobre el libro, así que no dudes en ponerte en contacto conmigo a través de redes sociales (nicomontoya_ceo), o por correo electrónico (nicomontoya@yahoo.com). Tus comentarios serán de gran ayuda para mí y me servirán para mejorar mis futuros escritos.

Finalmente, quiero invitarte a que me dejes tus comentarios en la página de amazon.com. en la cual está publicado el libro. Tu testimonio es muy importante para mí y me gustaría que sirva de guía para futuros lectores.

Sinceramente,

Nico Montoya

ACERCA DEL AUTOR

Quiero contarte un poco sobre mí. Soy Profesional en Ingeniería de Producción, bilingüe, con estudios complementarios en Negocios Internacionales, Marketing Digital, MBA y Maestría en Ciencias Financieras. Tengo 24 años de experiencia en gerenciamiento de empresas, dirección de áreas comerciales y mercadeo internacional en empresas líderes de los sectores de comercialización, distribución, consumo masivo y B2B en Colombia, USA, Canadá, Centro América, Latinoamérica, El Caribe y Asia.

He tenido la oportunidad de trabajar asesorando exitosamente a más de 140 empresas en más de 22 industrias diferentes, lo que me ha permitido crear una metodología exitosa, práctica y de fácil implementación para generar resultados excelentes en el crecimiento exponencial de las empresas a través de la internacionalización de operaciones. Todos estos años me han permitido tener una amplia experiencia en Planeación Estratégica, Gerencia, Mercadeo Estratégico, Negocios Internacionales, Gestión Comercial, Estrategia de Mercadeo Digital y Posicionamiento global de Marcas.

Me caracterizo por mi alta orientación a resultados, perspectiva estratégica y global, pensamiento analítico, liderazgo y desarrollo de equipos.

Llevar las empresas al siguiente nivel es mi pasión, pero sobre todo compartir mi conocimiento y experiencia son mi mayor motivación. Dejar mi trayectoria plasmada en los equipos es mi propósito superior y ver crecer y madurar los modelos de negocios es lo que le da sentido a todo mi empeño por ser mejor persona y profesional cada día.

CONFERENCIAS Y TALLERES

¡Bienvenidos! Si estás buscando expandir tus operaciones al mercado internacional, ¡has llegado al lugar indicado! Te ofrezco talleres personalizados en estrategia comercial (Mercadeo, Ventas, Postventa y Servicio al cliente) que te ayudarán a desarrollar un plan sólido y efectivo para tu empresa.

Mis más de 20 años de experiencia en negocios internacionales acompañando más de 140 empresas en 22 industrias diferentes, me han permitido desarrollar una metodología comprobada que te guiará en todo momento para que puedas alcanzar tus objetivos de manera exitosa.

¿Necesitas una mentoría en planeación estratégica comercial? ¡No hay problema! He desarrollado mis competencias como *coach* y mentor en mercadeo, ventas y servicio al cliente, para ayudarte a desarrollar una estrategia de negocio que se adapte a tus necesidades específicas. Te brindaré las herramientas necesarias para que puedas tomar decisiones informadas y lograr el éxito en el mercado internacional.

¿Quieres aprender más sobre estrategias de internacionalización? ¡Tengo charlas especializadas que te ayudarán a entender los desafíos y oportunidades del mercado global! Quiero compartir contigo mis conocimientos y experiencias para que puedas estar preparado en cualquier situación. ¡No pierdas la oportunidad de aprender de los mejores!

Finalmente, si deseas capacitar a tu equipo directivo para que puedan llevar tu empresa al siguiente nivel, ofrezco talleres presenciales y virtuales personalizados que se adaptan a tus necesidades. He diseñado estos talleres para ayudar a tus líderes a desarrollar habilidades en negocios internacionales y trabajar juntos para lograr el éxito en el mercado global.

En resumen, si buscas expandir tus operaciones al mercado internacional, no dudes en contactarme. ¡Estoy aquí para apoyarte!

¡Empaque, que nos vamos!
© Nico Montoya
2023

www.ingramcontent.com/pod-product-compliance
Lightning Source LLC
Chambersburg PA
CBHW031414210526
45464CB00005B/1874